Botschaften aus dem Jahr 2118

Erich von Däniken

Botschaften aus dem Jahr 2118

Neue Erinnerungen an die Zukunft

KOPP VERLAG

1. Auflage Oktober 2016
2. Auflage Januar 2020 als Sonderausgabe
3. Auflage Januar 2021 als Sonderausgabe

Lektorat: Agentur Pegasus, Zella-Mehlis
Umschlaggestaltung, Satz und Layout: Stefanie Huber

ISBN: 978-3-86445-729-6

Gerne senden wir Ihnen unser Verlagsverzeichnis
Kopp Verlag
Bertha-Benz-Straße 10
D-72108 Rottenburg
E-Mail: info@kopp-verlag.de
Tel.: (0 74 72) 98 06-10
Fax: (0 74 72) 98 06-11

Unser Buchprogramm finden Sie auch im Internet unter:
www.kopp-verlag.de

Inhaltsverzeichnis

Brief an meine Leser

Liebe Leserin, lieber Leser,

1966 verfasste ich mein erstes Buch: *Erinnerungen an die Zukunft*. In der Einleitung schrieb ich: »Dieses Buch zu schreiben ist eine Mutfrage – es zu lesen nicht minder. Gelehrte werden es, weil seine Thesen und Beweise nicht in das mühsam gekittete Mosaik bereits zementierter Schulweisheit passen, als Utopie auf den Index jener Bücher setzen, über die man besser nicht spricht.« Inzwischen sind 50 Jahre vergangen. Meine Einleitung von damals trifft auch heute noch zu. *Botschaften aus dem Jahr 2118* ist definitiv *keine* Zusammenfassung meiner bisherigen Werke. In nur ganz wenigen Abschnitten muss ich Querverbindungen zu früheren Büchern herstellen – damit der Leser nicht in der Luft hängt.

Dass Außerirdische vor Jahrtausenden die Erde besuchten und unsere Vorfahren beeinflussten, ist belegbar. Aber – und dies ist der Jüngste Tag der Erkenntnis – ETs sind auch heute am Werk. Und das betrifft uns alle. Warum tun sie, was sie tun? Was hat eine außerirdische Spezies davon, uns etwa so zu beobachten, wie wir Ameisen betrachten? Was wollen die Fremden eigentlich seit Jahrtausenden bis heute? Können sie uns nicht in Ruhe lassen? Und weshalb tun wir uns so schwer damit, die Existenz Außerirdischer anzuerkennen?

Darum geht es in diesem Buch. Zur Einstimmung auf das große Thema beginne ich mit einer seltsamen Kurzgeschichte. Ihr Weg führt in die Zukunft, die *trotzdem* Saison hat.

Sehr herzlich
Ihr Erich von Däniken

Kapitel 1

Zukunft hat trotzdem Saison

»Es gibt keinen Spuk!«, brummte Roger Favre trotzig, und er weigerte sich hartnäckig, das Unmögliche einzusehen, als es ganz offensichtlich herumgeisterte. Irgendetwas stimmte nicht mehr. Narrte ihn sein Verstand? Die Augen? Waren es die ersten Anzeichen von Alzheimer? Begann sein 70 Jahre alter Körper mit den üblichen Beschwerden? Roger spürte eine Unsicherheit, wollte aber mit niemandem darüber sprechen. Vielleicht etwas weniger Alkohol? Das Rauchen aufgeben? Oder tun, was alle Schlaumeier empfahlen: Mehr Sport treiben? Und dafür einen Herzinfarkt kassieren?

Roger Favre saß im selben Großvaterstuhl, in dem er seit Jahren Fernsehen schaute. Der Sessel war schwer, er hatte dunkelbraunes Leder, im Nackenbereich eine kleine Wölbung und beidseitig breite Armlehnen. Roger rauchte, blätterte in einer Tageszeitung und wartete, bis Madeleine zum Abendessen rief. So verlief das Abend für Abend seit seiner Pensionierung, und nichts schien diese Regel trüben zu können, bis – nun ja, bis eben etwas nicht mehr stimmte. Bis diese komischen Lichter auftauchten.

Bei seinen Bekannten galt Roger als charakterlich ausgeglichen. Einige nannten ihn langweilig, andere humorlos, doch alle schätzten sein Fachwissen. Roger hatte jahrzehntelang als Geometrielehrer am städtischen Gymnasium gewirkt. Im Französisch sprechenden Raum titulierte man die Gymnasiallehrer als »Professor«. Monsieur le Professeur. Ging es um Vermessungen und Rauminhalte, und das kam in der Stadt Genf dauernd vor, konsultierten ihn die ehemaligen Schüler immer wieder. Roger war Vater eines 46-jährigen Sohnes, und der arbeitete seit 14 Jahren als Physiker beim CERN, dem **C**onseil **E**uropéen pour la **R**echerche **N**ucléaire (Europäisches Kernforschungszentrum). Der Sohn trug denselben Vornamen wie der Vater. Deshalb nannte ihn Rogers Gattin »mon petit Roger«. Mein kleiner Roger. Der alte Roger war durch den kleinen Roger zum dreifachen Großvater geworden. Er nannte eine gut geratene Familie sein eigen – und genau genommen hätte er sein Dasein als Pensionär sorgenfrei genießen können, wären da nicht die wabernden und aufdringlichen Lichter, die sich in unregelmäßigen Abständen auf Fußhöhe seines Fernsehsessels materialisierten. Rogers Frau hieß Madeleine, doch er rief sie beim Kosenamen »Didi«, denn Madeleine, so meinte er, klänge nach Magd und Unterwürfigkeit.

Alle paar Jahre überkam Roger irgendeine Laune. Madeleine nannte das »seine Spleens«. Sie kamen und vergingen wie die Jahreszeiten oder der Heißhunger von schwangeren Frauen.

Einmal hatte er in schäumender Begeisterung 30 Palmensprösslinge in den Garten gepflanzt. Damit er etwas Südsee fühle. Der unerwartet eisige Winter verwandelte die Südsee in Alaska. Ein andermal dozierte er, jeder verantwortungsbewusste Familienvater sorge für das eigene Kraftwerk im Hause. Er erstand einen Dieselmotor, hub im Keller eine illegale Grube aus, die er mit Asphalt abdichtete. Nachdem in der ganzen Gegend der Strom ausfiel, rückte die Polizei an. Sein Tank sei gesetzeswidrig, schrien sie, und versaue das Grundwasser. Er müsse augenblicklich leer gepumpt werden. Das Haus stank wochenlang nach Diesel. Erwähnenswert wäre noch die Episode mit dem Tunnel. Er brauche einen Fluchttunnel, um sich und seine Lieben im Katastrophenfall unterirdisch retten zu können – behauptete Roger mit todernster Miene. Mit Brechstangen, Pickeln und Schaufeln buddelte er tapfer zwölf Wochen lang und engagierte sogar Hilfsarbeiter, die er für ihr Schweigen großzügig entlohnte. Dann rauschte das Grundwasser in den Keller. Nicht plötzlich, sondern Tag für Tag steigend. Seither nannte Didi den Keller abschätzig »Loch Ness«.

Eigentlich galt Roger als liebenswürdig, hilfsbereit – und nur ein bisschen durchgeknallt. Manchmal. Und jetzt die Geschichte mit den irren Lichtern am Fußboden. Fing er endgültig an abzudriften?

Es spukte jetzt seit zwei Wochen. Am Kiosk hatte Roger die Tageszeitungen gekauft, in der Bar du Léman zwei Bier getrunken und zu Hause Didi in der Küche begrüßt. Wie jeden Abend hatte er sich in den alten Ledersessel geworfen und auf Didis Kommando zum Essen gewartet. Beim Umblättern der Seiten seiner Zeitung irritierte ihn plötzlich ein waberndes Licht auf Höhe des linken Fußes. Musste wohl irgendeine Spiegelung von draußen sein, denn es verschwand so rasch, wie es gekommen war.

Dann tauchte es wieder auf. Zweimal. Dreimal. Woher kam die Lichtquelle? Roger ging zum Fenster, seine Augen wanderten prüfend die Straße rauf und runter, suchten nach einem Autoscheinwerfer, einem reflektierenden Kunststoffteil, nach Kindern, die mit Lampen spielten, nach irgendetwas, das während anderer Abende nicht vorhanden gewesen war. Er registrierte keine Veränderung, zudem war es inzwischen Mitte März und die Sonne ohnehin hinter dem Horizont verschwunden.

Irritiert setzte sich Roger wieder in den Sessel. Sah er Dinge, die es nicht gab? Spielten sein Gehirn, seine Augen, ihm etwas vor? Er starrte auf seine Schuhe. In diesem Moment passierte es wieder: Über der linken Fußspitze bildete sich ein Knäuel von Farben, das sich zu einem kleinen Rechteck ordnete. Roger zog den Schuh zurück – die Farben blieben, schwebten etwa 30 Zentimeter über dem Boden. Roger fuhr mit der Schuhspitze dazwischen. Das Lichterrechteck veränderte sich nicht. Roger trat zur Wand. Drehte alle Schalter der elektrischen Beleuchtung auf volle Leistung. Grell erstrahlten die Lampen des Wohnzimmers. Acht an der Decke und sechs an den Wänden. Roger ging in die Knie, betastete den Teppich, drückte mit beiden Händen darauf. Das komische Licht war inzwischen zusammengefallen. Geradeso, als ob ein Bildschirm ausgeknipst würde.

Roger betrat die Küche, bat Didi um eine Taschenlampe. Didi wusste immer, wo alles lag. »Suchst du etwas im Loch Ness?«, erkundigte sie sich schelmisch. »Quatsch!«, schwindelte er, »Mir ist eine Tablette auf den Boden gefallen.« Zentimeter für Zentimeter leuchtete Roger die Wände ab. Irgendwo musste etwas Reflektierendes sein. Eine winzige Glasscherbe? Eine kleine Kristallmurmel? Der Rahmen eines Bildes? Das Metallband einer Uhr? Ein Schlüssel? Ein glitzerndes Etui? Eine Münze? Eine Diskette? Verdammt, er war doch nicht blöd! »Nur nicht aufregen«, beruhigte er sich. »Mit wissenschaftlicher Gründlichkeit werde ich das Problem einkreisen.«

Nach dem Abendessen saß Roger wieder im alten Ledersessel. Er wünschte sich regelrecht, der Spuk möge wieder auftauchen. Im Fernsehen erklärte gerade jemand, das World Wide Web verdanke seinen Ursprung dem CERN. Um Forschungsergebnisse am einfachsten und schnellsten unter den Wissenschaftlern austauschen zu können, habe ein gewisser Monsieur Tim Berners-Lee im Jahre 1989 das WWW als Nebenprodukt entwickelt. Roger überlegte, ob er den kleinen Roger anrufen und über die Geister in seinem Hause informieren sollte. Aber um seinen Physiker-Sohn zu beeindrucken, brauchte Roger Beweise. Etwas Handfestes. Doch es gab nichts. Über den Bildschirm lief Werbung. Irgendeine Firma stellte den neuesten Fotoapparat vor. Kamera? Roger klopfte bei Didi an. Sie saß im Nebenzimmer und lachte über eine bescheuerte Comicserie.

»Didi«, unterbrach Roger, »wo liegt eigentlich meine alte Fotoausrüstung? Du weißt schon: die schwarzen Nikon-Taschen?«

Didi stellte die Lautstärke zurück. »Was willst du mitten in der Nacht mit den Fotoapparaten? Heutzutage ist alles digital. Du bekommst nicht mal mehr Filme dafür.«

»Heißt das, du hast sie weggeschmissen?«

»Wollte ich mal vor Jahren. Dann hab ich das Köfferchen in den Wandschrank am oberen Treppenende gehängt. Der Treppe zum Loch Ness.«

»Danke«, rief Roger. »Vielleicht lässt sich die alte Technik noch verkaufen.«

Zwei Kameragehäuse mit mehreren Objektiven lagen in der Tasche. Erstaunliche Qualität: Federn, Abzug, Einstellungen, Selbstauslöser, alles funktionierte wie ehedem. Nur Filme waren keine da.

Anderntags erkundigte sich Roger beim Fotofachhändler in der Rue du Mont-Blanc.

»Sag mal, Jean-Claude, gibt es diese früheren Filme noch? Kodak produzierte sie.«

»Hier schon. Wir leben in Genf, und du glaubst nicht, mit welch altertümlichen Kameras bestimmte UNO-Abgeordnete noch fotografieren.«

Bei einem Kaffee im Hinterzimmer setzten sich die beiden zusammen. Sie kannten sich seit der Gymnasialzeit. Roger wollte wissen, wie eine Bewegungskamera funktioniere. Wie löst ein Fotoapparat einen Schuss erst dann aus, wenn sich etwas bewegt?

»Du kennst doch diese Stecker? Sie verbreiten eine schwache Strahlung. Sobald sich etwas im Raum bewegt, wird der Strahl unterbrochen und das Signal ausgelöst. Das Licht geht an.«

»Lässt sich dieses System mit einer Kamera koppeln? Ich richte das Objektiv auf eine bestimmte Stelle und lade den Selbstauslöser. Wenn sich das Licht im Raum verändert, geht der Schuss dann los?«

Tags darauf klebte Roger seine Nikon auf einen Hocker. Sie war mit einem hochempfindlichen 400-ASA-Film geladen und mit dem Bewegungsstecker verbunden. Verdutzt erkundigte sich Didi:

»Zu welchem Spleen gehört das? In unserem Wohnzimmer leben weder Kakerlaken noch Wanzen.«

»Ich möchte etwas feststellen«, stotterte Roger – und das stimmte sogar. »Meine Kamera ist mit einem Bewegungsmesser verbunden und der misst die Lichtverhältnisse im Raum.«

»Und wozu soll das gut sein?« Um Didis Augen zeigten sich kleine Runzeln.

»Ich habe manchmal Probleme. Mir erscheint etwas zu hell und dann wieder zu dunkel. Vielleicht sollte ich zum Augenarzt. Diese Konstruktion hier misst die Helligkeit.«

Didi schüttelte still den Kopf. Lass ihn, dachte sie, auch dieser Spleen wird vorübergehen.

Zwei Tage lang geschah nichts. Kein Spuk im Haus. Wann immer Roger im Sessel saß, zog er den Stecker des Bewegungsmessers und entschärfte die Kamera. Er legte sie auf den Nebenstuhl. Es war zum Überschnappen. Keinerlei Lichter narrten ihn. Dann endlich, am frühen Abend des 28. März, begann es wieder zu flimmern. Roger riss die Nikon ans Auge und drückte 36-mal auf den Auslöser. Blitzen war nicht möglich. Der Fotoblitz hätte das Licht am Boden überlagert. Drei Tage später hielt er die Farbfotos in den Händen und jubilierte. Unfassbar! Unglaublich! Klar und deutlich zeigten die Bilder zuerst einen Punkt, der zum Lichterknäuel wuchs. Dann formte sich ein Quadrat und schließlich ein farbiges Rechteck mit Streifen. Während der Knipserei hatte Roger auch geistesgegenwärtig seinen Schuh ins Bild geschoben. Auch der war auf drei Bildern erkennbar, das Lichterrechteck befand sich jetzt über der Schuhspitze.

»Mein Sohn«, fragte Roger seinen Abkömmling am Handy, »hast du mal Zeit für deinen alten Papa?«

»Schwer in diesen Tagen. Über 60 Kollegen aus allen Ländern sind hier. Du kannst dir die Fachsimpelei gar nicht vorstellen. Zudem wimmelt es von aufdringlichen Journalisten.«

»Die Zeitungen sind voll von irgendeinem Elementarteilchen. Was sucht ihr?«

»Nach dem Higgs-Boson. Ach Papa! Die Geschichte ist zu lang fürs Telefon. Aber du bist ja schnell von Begriff: 1964 entwickelte der britische Physiker Peter Higgs eine Theorie, wonach zunächst massenlose Teilchen auf dem Hintergrund des sogenannten Higgs-Feldes plötzlich Masse bekommen. Diese seltsamen Teilchen erklären eine ganze Menge, wenn wir sie finden.«

»Wie weit seid ihr denn?«

»Wir haben unseren Teilchenbeschleuniger schon im Dezember vergangenen Jahres hochgefahren, dann im Februar dieses Jahres erneut und gegenwärtig startet die dritte Phase. Es sieht alles sehr vielversprechend aus. Aber frage nicht nach den Energiemengen, die wir aufwenden! Fürs gemeine Fußvolk geradezu unfassbar.«

Der alte Roger wusste das. Schon 1989 war am CERN der Large Electron-Positron Collider (LEP) in Betrieb genommen worden. Bei voller Leistung fraß dieses Ungeheuer 100 GeV (Gigaelektronenvolt) – die Energiemenge von zehn Großstädten. Jetzt lief der Large Hadron Collider (LHC), der größte Teilchenbeschleuniger der Welt. Roger wusste aus der Presse davon. Der Beschleunigerring hatte einen Umfang von rund 27 Kilometern – direkt unter dem französisch-schweizerischen Grenzgebiet bei Genf gelegen. Rund 60 Meter tief im Boden, nur gerade einen Kilometer von Rogers Haus entfernt. Um diesen Ring – eigentlich eine kreisrunde Röhre – sorgten 9300 gigantische Magnete dafür, dass die Elementarteilchen, die auf nahezu Lichtgeschwindigkeit beschleunigt wurden, nicht an die Wand knallten, sondern sich im irren Tempo in der Mitte der Röhre hielten. Das CERN wurde von 21 Staaten finanziert, und jeder Teilnehmer schickte seine besten Kernphysiker nach Genf. Die breite Öffentlichkeit erfuhr selten, was im CERN eigentlich geschah. Nicht aus Geheimhaltungsgründen, das CERN kommunizierte fleißig, sondern wegen der Komplexität des Themas. Teilchenphysik war nichts Populäres, nichts, was sich mit wenigen Worten erklären ließe.

»Und wann hofft ihr auf einen Durchbruch?«, erkundigte sich der alte Roger beim kleinen Roger.

»Das lässt sich nicht so richtig voraussagen. Eigentlich rechnen wir in den nächsten Wochen damit, doch alles ist möglich: die Revolution in der Teilchenphysik oder das Desaster. Du wirst es auf allen Kanälen hören, wenn der Durchbruch gelingt.«

»Stopp noch schnell, mein Sohn«, bat Roger. »Ich habe dumme Gerüchte gehört. Ist das, was ihr hier macht, eigentlich gefährlich? Ich las kürzlich, irgendein Physiker habe gewarnt, ihr könntet eine Art Schwarzes Loch im Miniaturformat produzieren, das die ganze Welt verschlinge. Die Öffentlichkeit nennt dieses Higgs-Ding, das ihr da sucht, schließlich ›Gottesteilchen‹.«

»Papa, du brauchst wirklich vor gar nichts Angst zu haben. Ich und unzählige Kollegen kennen die Berechnungen. Nirgendwo kann ein Schwarzes Loch entstehen. Dazu bräuchten wir das Millionenfache unserer derzeitigen Energie … Wenn der Sturm hier vorüber ist, freue ich mich auf ein Abendessen daheim. Adieu! Küss Mama! Ich melde mich!«

Roger legte sein Mobiltelefon zur Seite, betrachtete nachdenklich die 36 Farbbilder. Ein Foto nach dem andern glitt durch seine Hände, und der Verdacht machte sich immer breiter: Stand das Lichterrechteck in seinem Wohnzimmer mit den Versuchen des Large Hadron Colliders im Zusammenhang? Manifestierte sich bei ihm zu Hause irgendetwas Unheimliches, das die Physiker am CERN brennend interessieren könnte? Aufgewühlt, wie er war, wollte Roger seinen Sohn nochmals anrufen, traute sich aber nicht. Er brauchte mehr Beweise, bessere Fotos. Bilder aus einem anderen Winkel.

Also erstand Roger eine Ladung hochempfindlicher Kodak-Filme. Alle, die Jean-Claude am Lager hatte. Das Wohnzimmer wurde zum Jagdrevier. Roger saß nicht mehr im alten Ledersessel, sondern rutschte auf einem fahrbaren Stühlchen, das er im Altersheim erstanden hatte, über den Teppich, dabei den Fotoapparat umgehängt wie auf der Pirsch. Beide Kameras waren geladen, vier unterschiedliche Objektive standen zur Verfügung.

Didi zeigte sich besorgt:

»Kannst du mir wirklich nicht erklären, was das alles soll? Du benimmst dich zwar normal, aber ich kenne deine Augen und deinen Instinkt …«

Roger nahm sie zur Seite und versuchte, ihr etwas über das Higgs-Teilchen zu erklären. Er zeigte ihr auch die 36 Bilder.

Didi wirkte nervös. Unsicher meinte sie:

»Und da ist nichts, was explodiert? Du hast keine Chemikalien im Haus?«

»Nein mein Schatz. Nicht mal ein bengalisches Streichholz.«

Didi starrte auf den Boden, dann wieder auf die 36 Bilder, die kreuz und quer verteilt auf dem kleinen Tischchen lagen.

»Wir müssen unseren Sohn informieren«, meinte sie trotzig.

»Ist schon geschehen!«, bekräftigte Roger. »Die Physiker am CERN sind alle bei diesem phänomenalen Experiment. Sie suchen nach dem nicht-existierenden Elementarteilchen. Sobald die Hektik vorüber ist, wird dein kleiner Roger zum Abendessen hier sein.«

In den kommenden zwei Wochen tauchte das rechteckige Licht zu unterschiedlichen Tageszeiten auf. Roger schoss Fotos aus allen Winkeln. Von vorn, von hinten, von oben, von unten, mit oder ohne Zimmerbeleuchtung. Was zum Teufel war das? Eine Ansammlung von Higgs-Teilchen konnte es nicht sein. So viel er wusste, lösten sich diese Teilchen doch genauso schnell wieder auf, wie sie entstanden waren. Sie zerfielen in andere Elementarteilchen – verwandelten sich also. Roger hatte sich Literatur besorgt und daraus gelernt, dass das Higgs-Boson »einer quantenmechanischen Anregung des Higgs-Feldes entspreche«. Was immer das sein sollte. Jedenfalls nichts, was in der Luft stehen blieb und sich in Ruhe von allen Seiten fotografieren ließ. Aber immerhin: Das Lichterfeld existierte. Dies konnte Roger mit 234 Bildern klipp und klar beweisen. Der kleine Roger würde Augen machen. Gespannt wartete Roger auf den Anruf seines Sohnes.

Der Mai war angebrochen. Mildes Klima am Genfer See. Aus der Ferne funkelten die Eisspitzen der französischen Alpen. Am Südhang eines Hügels, 800 Meter von der Piste des Genfer Flughafens entfernt, saßen zwei Generationen der Familie Favre unter einem breiten Sonnenschirm. Roger hatte die erste Flasche Champagner geköpft.

»Wir haben's geschafft«, meldete der kleine Roger stolz und nickte lachend. »Papa, das muss alles unter uns bleiben …«

»Wie käme ich dazu …?«

»Wir haben das Higgs-Teilchen entdeckt. Definitiv und für alle Ewigkeit. Es ist unglaublich. Auch der alte Peter Higgs war dabei. Er weinte vor Freude, wir hielten uns alle an den Händen und tanzten im Kreis. Ein einzigartiger Anblick! 26 Teilchenphysiker benahmen sich wie Kinder. Doch beschlossen wir, erst in einigen Wochen an die Öffentlichkeit zu treten. Wir müssen die Resultate blitzsauber dokumentieren, und zwar so, dass sie auch Journalisten weitervermittelt werden können.«

»Gratuliere! Du bist wunderbar!«, prostete Didi ihrem Sohn zu. »Werden wir jetzt Eltern eines Nobelpreisträgers?«

»Mamaaaa? Wo denkst du hin? Wir sind ein großes internationales Team. Die Ehre gebührt Peter Higgs. Er hat das Teilchen vorausberechnet.«

Es wurde still in der Runde. Roger wandte sich an seinen Sohn.

»Hast du die Ruhe, eine ungewöhnliche Geschichte anzuhören?«

»Von dir schon!«, lachte der kleine Roger und prostete sich selbst zu.

Eine Stunde später wusste er alles. Er hatte die Fotos durchgesehen, immer und immer wieder. War mit Papa ins Wohnzimmer gepilgert, hatte sich genau in dem Moment in den alten Ledersessel gesetzt, als der Spuk wieder auftauchte. Jetzt war der kleine Roger Augenzeuge. Ein Erlebnis, das sich genauso in seinen Gehirnzellen festsetzte, wie die Entdeckung des Higgs-Boson. Die Männer beratschlagten, was zu tun sei. Der Physiker Roger meinte zum Geometrie-»Professor« Roger:

»Mit so einer Verrücktheit kann ich niemals ins offizielle CERN. Ich kenne zwei wirklich gute Typen, beides Teilchenphysiker wie ich und beide auch zu einem Späßchen bereit. Mit eurer Erlaubnis, Mama, Papa, werde ich sie hierher einladen. Vielleicht am Samstag?«

Die Physiker, ein Mann namens Zwicky aus dem Schweizer Kanton Glarus, und ein anderer, der aussah wie ein Sportlehrer, namens Durand und aus Clermont-Ferrand in Frankreich stammend, hatten Humor. Erzählten zuerst Witze aus der Welt der Akademiker. Kennen Sie den …?

»Ein junger Mann sitzt auf dem Zahnarztstuhl. Der Arzt leuchtet in seinen Mund und meint verblüfft: ›Sie haben aber viele Hämorrhoiden.‹ ›W-i-e bitte?‹, stottert der Patient. In dem Moment kommt die Praxishilfe und bittet den Arzt ans Telefon in den Nebenraum. Wie er ins Behandlungszimmer zurückkommt, hockt sein Patient auf dem Boden. Die Hosen heruntergelassen, begutachtet er mit einem Spiegel seinen Hintern. ›W-a-s zum Teufel machen Sie da?‹, schreit der Zahnarzt. ›Ich wollte nur wissen, ob ich vielleicht auch noch Karies habe …‹.«

Nach den Witzrunden wurde es ernst. Roger informierte seine Kollegen über die Vorfälle auf Papas Anwesen, zeigte ihnen die Bilder. Mit den Champagnergläsern in der Hand trippelten alle ins Wohnzimmer, und dort leuchtete wie auf Kommando das farbige Lichterfeld auf. In den vergangenen Tagen war es selten verschwunden und etwas gewachsen – so, als ob jemand ein Zoom-Objektiv gedreht und den Bildausschnitt vergrößert hätte. Herr Zwicky und Monsieur Durand bestaunten das Farbmuster von allen Seiten. Sie wollten sicher sein, keiner Spiegelung aufzusitzen, und ummantelten das Lichtermuster mit einer

Zeitung. Jede Reflexion, egal von welcher Seite, war jetzt unmöglich. Dann wurde beratschlagt: Theorien, Spekulationen, verrückte Ideen wurden diskutiert und wieder verworfen. Herr Zwicky meinte, ihm seien die unregelmäßigen Farben aufgefallen. Von vorn zeige das Ding ein anderes Muster als von hinten. Der hintere Teil sei keine Kopie, kein Durchschimmern des vorderen Bildes. »Vielleicht ist das Ganze ein Hologramm. Dreidimensional – und wir sehen nur zwei Seiten. Wie die erste und letzte Seite eines Buches. Aber der Inhalt dazwischen fehlt.«

Die Männer beschlossen einige Experimente. Sie würden hochempfindliche Detektoren mitbringen, um die Quelle, den Ursprung des Lichtes aufzuspüren.

Zwei Tage später war es so weit. Das Wohnzimmer wurde zum Labor. An Metallgestellen, extra gekauft im Baumarkt eines Einkaufszentrums, klebten kleine Kästchen. Laser strahlten in diversen Farben von Gestell zu Gestell. Sie berührten das gespenstische Lichterrechteck 30 Zentimeter über dem Boden. Mehrmals wurde die Versuchsanordnung geändert. Nach vier Stunden resignierte Monsieur Durand entnervt:

»Das Ding strahlt von nirgendwoher. Es hat keinen Ursprung – irgendwo hinter der Wand, von der Decke oder dort draußen. Das Farbbild entsteht direkt am Ort. Exakt dort, wo es auch jetzt flimmert.«

Der offensichtlich geniale Herr Zwicky aus Glarus meinte, sie müssten an die »Message« ran. Da sei eine Botschaft, woher auch immer, und die gelte es sichtbar zu machen. Die drei Physiker koppelten einen Laptop mit mehreren Geräten. Ein unsichtbarer Laserstrahl – auch dies eine Neuheit für Roger – tastete die sehr dünnen Seitenlinien des Quadrates ab. Sozusagen den seitlichen Rand eines Papierblattes.

Dann wurde es still. Atemlos glotzten alle auf den Bildschirm. Dort formierte sich in fünf Blöcken ein binärer Code.

00110001 00110010 00110001 00110110 00110010 00110001 00110001 00111000

00110001 00110010 00110010 00110010 00110010 00110001 00110001 00111000

00110000 00110001 00110000 00111000 00110010 00110001 00110001 00111001

00110000 00110001 00110001 00110100 00110010 00110001 00110001 00111001

00110000 00110101 00110000 00110101 00110010 00110001 00110001 00111001

»Woher kommen die Zeichen?«, hauchte der kleine Roger staunend. »Oder werden wir hier verarscht? Sind wir in so etwas wie in der Sendung mit der versteckten Kamera?«

»Sei ruhig!, platzte Herr Zwicky der Kragen. »Ich bin gerade dabei, den Code lesbar zu machen! Hier – schaut!«

12162118
12222118
01082119
01142119
05052119

Alle starrten auf den kleinen Bildschirm des Laptops. Bedächtig dozierte Herr Zwicky:

Das ergibt einen Sinn: Die ersten zwei Zahlenreihen enden mit 2118, die nächsten drei mit 2119. Also Kalenderdaten, geschrieben in der amerikanischen Weise. Das heißt: zuerst der Monat, dann der Tag und zuletzt das Jahr. Bei uns so gelesen:

16. Dezember 2118 (im Amerikanischen 12/16/2118)
22. Dezember 2118
8. Januar 2119
14. Januar 2119
5. Mai 2119

»Ja, und …? W-e-r …?«

»Keine Ahnung.« Die Herren Zwicky und Durand blickten sich kopfschüttelnd an. Dann formierten sich alle um den Tisch. Die Daten wiesen in die Zukunft. Heute war der 5. Mai 2012. Das erste Datum auf dem Bildschirm, der 16. Dezember 2118, lag demnach sieben Monate und 106 Jahre in der Zukunft. Was wurde hier gespielt? Wieder und wieder kontrollierte die Männerrunde, ob sie nicht auf einen ausgemachten Schwindel hereinfiel. Ob ihre Kollegen vom CERN irgendetwas ausgetüftelt hatten, um sie zu narren. Die nächste Idee stammte vom kleinen Roger:

»Gibt es eine Möglichkeit, quasi auf derselben Frequenz zu reagieren? Wenn mir jemand eine Botschaft mailt, kann ich schließlich auch antworten …«

»Eigentlich ja«, sagte Monsieur Durand nachdenklich. »Was sollen wir dem Absender mitteilen?«

Herr Zwicky hatte bereits reagiert. Er tippte unser Datum, den 5. Mai 2012, in die Tastatur und hinterher noch »Wer seid ihr?« All dies auf Englisch und auch im binären Code, weil die Physikerrunde davon ausging, dies sei die allen verständliche Sprache.

Schlagartig wurde es dunkel. Nicht nur der Bildschirm des Laptops fiel zusammen, sondern auch die fremdartige Lichterbox

30 Zentimeter über dem Boden. Es schien, als ob ihre Nachricht irgendwo angekommen sei. Dann geschah den ganzen Abend nichts mehr. Peter Zwicky – inzwischen hatten alle Beteiligten auf »Du« angestoßen – versuchte, zwei weitere Nachrichten abzuschicken. Doch es existierte keine Verbindung mehr. Waren sie Teilnehmer eines gemeinsamen Traums? Opfer einer unbekannten Gehirnkontrolle? Das durfte doch keine Realität mehr sein. Sachlich stellte Peter fest, alles sei real und könnte noch verdammt wichtig werden. Der fremde Partner irgendwo dort draußen verfüge wohl über technische Möglichkeiten, die ihnen fehlten. Auch unsere Hacker beherrschten keine derartigen Spielereien.

»Und damit müssten die Fremden zwingenderweise aus der Zukunft kommen. Die melden sich wieder – wenn sie es wollen.«

Die Runde debattierte bis früh in den Morgen. Roger, der Geometrie-»Professor«, bestand partout darauf, dass aus der Zukunft nichts kommen könne. Gar nichts. Auch keine Botschaft. Punkt. Jacques Durand verwies auf den schwedischen Physiker Max Tegmark. In wissenschaftlichen Zeitschriften hatte der Parallelwelten postuliert, Universen, die neben dem unseren existierten, ohne dass wir es merkten. »Der kleine Roger« verwies auf Arbeiten des Mathematikers Kurt Gödel, der schon vor Jahrzehnten dozierte, Einsteins allgemeine Relativitätstheorie lasse Reisen durch Zeit und Raum zu. Und Botschaften? Wie soll das funktionieren?

»Stellt euch ein extrem feinmaschiges Netz eines Tennisschlägers vor. Wenn ein Ball auf den Schläger trifft, verursacht er eine Delle. Der Raum wird gekrümmt. Jetzt stellt euch anstelle des Tennisballes eine winzige, aber extrem schwere Kugel vor. Sie verkrümmt das Netz derartig, dass es sich zu einer Kugel schließt, die das winzige Kügelchen vollkommen einhüllt. Die mikroskopische, sehr schwere Kugel wäre die Zeitmaschine. Sie könnte den Raum an jeder x-beliebigen Stelle verlassen. Das ergibt sich übrigens aus Einsteins allgemeiner Relativitätstheorie – aber die muss ich euch nicht erklären. Das Unfassbare dabei ist, dass die Zeitmaschinc beim Verlassen der Kugel in einer anderen Dimension landet, denn es existieren unendlich viele Dimensionen um den Raum herum. Bildlich gesprochen liegen neben diesem Raum, in dem wir uns gerade unterhalten, Trillionen anderer Räume, nur den Bruchteil eines Nanomillimeters von uns entfernt … Die Quantenphysik macht die unmöglichsten Dinge möglich.«

»Auch Hokuspokus?, fragte jemand.

»Die Quantenphysik i-s-t wie Hokuspokus«, bemerkte Herr Zwicky gelassen. »Nach der Tachyonen-Theorie unseres verehrten Kollegen Gerald Feinberg können sogar Ursache und Wirkung umgekehrt werden …«

Gegen Morgen fuhren die Männer mit dem Taxi nach Hause. Das Wiederauftauchen des Spuks erlebten sie erst am darauffolgenden Tag.

Peter hatte den Drucker mit dem Laptop verbunden. Auf der Mattscheibe funkelte ein sehr klares 3D-Bild. Jeder erkannte den leicht gekrümmten, bananenförmigen Genfersee von oben. Und um ihn herum die Stadt Genf, nur viel gigantischer als im Jahr 2012. Ein Häuserband mit breiten Fahrspuren dazwischen umrahmte beidseitig den See. Links bis zur heutigen Schweizer Stadt Lausanne, rechts gegenüber bis zum Kurort Evian in Frankreich. Und über dem Bild flatterte klar und deutlich die blaue UNO-Fahne.

»Das gibt's doch alles nicht!«, bemerkte Jacques hämisch. »Schlichtweg unmöglich! Wenn das Bild aus der Zukunft stammt, müsste es in 106 Jahren immer noch eine UNO geben und ihre Flagge wäre auch dann dieselbe wie heute. Das kann nicht sein!«

»Was könnten wir die fragen?«, sinnierte Peter Zwicky dazwischen. Sie einigten sich auf den Satz: »Bitte identifiziert euch!« Die Antwort kam umgehend:

»Wir sind die Nachfahren. Wir experimentieren an der Überbrückung. Nach der alten, christlichen Zeitrechnung ist heute der 7. Mai 2119.«

»Ha! Irre!«, spottete Peter ironisch. »Die zählen das Jahr 2119 – einfach so!«

»Langsam beginne ich an das Unmögliche zu glauben«, bemerkte Roger. »Überlegt mal, welchen Gewinn uns das Wissen aus der Zukunft bringt. Die sind uns mehr als 100 Jahre voraus! Ihr Wissen verkürzt unsere Forschungszeit …«

»Und die Forschungsbudgets …«

Üblicherweise rauchte unter den vier Teilnehmern der Runde nur der alte Roger. Jetzt paffte jeder nervös an einer Zigarette. Allen war klar: Sie mussten ihre Kollegen und ihre Vorgesetzten informieren. Die Entdeckung des Higgs-Bosons glich einem Klacks im Vergleich zu einem Dialog mit der Zukunft. Die Konsequenzen waren nicht auszudenken! Gemeinsam einigte man sich darauf, den Partnern in der Zukunft eine Frage zu stellen:

»Albert Einstein berechnete Gravitationswellen und postulierte, diese Wellen würden Raumkrümmungen verursachen. Ist die Theorie bewiesen?«

Es kam keine Antwort. Die Verbindung wurde von der anderen Seite abgebrochen. Der Bildschirm blieb schwarz. Deshalb informierten weder der alte noch der junge Roger, weder Peter Zwicky noch Jacques Durand einen Kollegen. Peter drückte aus, was alle vermuteten: Aus der Zukunft durften keine Erkenntnisse in die Vergangenheit gelangen. Sie würden die Zukunft verändern.

Die Männer einigten sich darauf, das Versuchslabor in Rogers Wohnzimmer aufzugeben, die Geräte, Laser und Gestelle abzubrechen. Da begann der Bildschirm erneut zu leuchten. Acht

Menschen mit beinahe übernatürlich schön geformten Gesichtern zeigten sich. Jeder hatte die gleichen großen Augen, die selben gleichmäßigen, leicht lächelnden Lippen. Jeder steckte in einer Art dunkelblauem Overall und jeder winkte mit langsamen, graziösen Bewegungen. Am unteren Bildrand waren in einem quecksilberartigen Leuchten die Worte zu lesen: ZUKUNFT HAT TROTZDEM SAISON. (The future happens anyway.) Geistesgegenwärtig startete Peter den Drucker. Farbig und gestochen scharf tauchten die Bilder auf. Nach zwei Minuten brach die Verbindung ab.

Die Fotokopien, die Roger Favre herstellte, gingen durch etliche Hände. Und die wenigen Eingeweihten des Jahres 2012 verstanden die Welt nicht mehr. D-a-s sollen unsere Erben sein? Alle bildhübsch? Anmutig, sanft, die Geschlechter nicht zu unterscheiden? Zudem strahlten sie irgendetwas Fremdartiges aus. Unsere Nachfahren, Außerirdische?

Kapitel 2

Widersprüche?

Nur wenige Sätze zur Einführung. Die müssen sein:

Vor vielen Jahrtausenden, unsere Vorfahren lebten in der Steinzeit, drehte ein gigantisches Mutterraumschiff seine Runden um unseren Planeten. Kleinere Zubringer – heute nennt man sie Shuttles – erreichten die Erde. Die Gruppe von ETs verhielt sich wie Ethnologen. Sie studierten einige Stämme, lernten fleißig Sprachen, gaben den Menschen Tipps und Gebote für eine geregelte Zukunft und verabschiedeten sich schließlich. Allerdings mit dem Versprechen, in einer fernen Zukunft wiederzukehren. Dies wurde zum Startpunkt der irdischen Religionen. Unsere Vorfahren hatten die Fremden als »Götter« eingestuft.

Diese Gedanken sind keine Spekulationen, keine Hypo- oder andere Thesen, keine Behauptungen – sie sind inzwischen beweisbar. Jeder, der sich in die Materie einarbeitet, kommt zu demselben Schluss. Wer's wissen will, weiß es.

Die Konsequenzen aus jenem vorgeschichtlichen Besuch betreffen uns alle. Unsere Religionen, politischen Systeme, Ideologien. Unser Menschsein, unsere Gegenwart genauso wie unsere Zukunft. Als einer der Insider, als »alter Hase« und Autor von 40 Büchern zum Thema sind mir die offenen Fragen genauso vertraut wie dem Kritiker. Für ihn sind die Widersprüche offensichtlich – schwer und unüberwindbar. Für den Wissenden hat alles seine zwingende Logik. Auch das anscheinend Unmögliche.

Gibt es überhaupt Außerirdische? Wie sehen sie aus? Wieso sind sie menschenähnlich? Mit welcher Technologie konnten sie die Lichtjahre zwischen den Sternensystemen überbrücken? Was wollten sie eigentlich hier? Weshalb stießen sie im Milliardenheer von Planeten ausgerechnet auf die Erde? Und dies im Ablauf der irdischen Evolution »ausgerechnet jetzt«? Weshalb verließen sie ihre Heimat? Was haben die ETs von einem Kontakt mit uns? Wollen sie uns ausbeuten? Warum bringen sie die Menschheit nicht um? Und überhaupt: Wenn schon – weshalb zeigen sie sich nicht vor der großen Öffentlichkeit? Was soll das Versteckspielen?

Berechtigte Fragen. Und auf jede – ausnahmslos! – gibt es eine logische Antwort. Inzwischen ist die Beeinflussung des Menschen durch ETs erneut im Gange. Ich behaupte: Die Außerirdischen waren nicht nur vor Jahrtausenden hier: Sie sind es wieder. Jetzt und seit Jahrzehnten. Unsere Erde wird beobachtet, studiert, analysiert, und es existieren Kontakte zwischen den ETs und vereinzelten Menschengruppen. Alles irre Behauptungen?

»Ich bin mir der Sache sicher: Manchmal durchqueren völlig unbekannte Objekte geräuschlos unseren Luftraum und legen dabei Flugeigenschaften an den Tag, die wir mit unseren technischen Mitteln nicht imitieren können.«
(Denis Letty, Generalmajor der französischen Luftwaffe, Träger des Ordens der Ehrenlegion) [1]

»Ich war am 24. März 1967 Oberleutnant auf dem Luftwaffenstützpunkt Malmstrom in Montana/USA. Ein UFO, das über dem Stützpunkt schwebte, legte zehn Interkontinentalraketen lahm. Sie fielen alle aus.«
(Oberleutnant Robert Salas. Aus seinem Vortrag in der Stadthalle Sindelfingen im April 2015) [2]

»Zu meiner Zeit als Luftwaffenattaché in England war ich zur Schlussfolgerung gekommen, dass am Himmel unserer Welt etwas im Gange war, von dem wir keine Ahnung hatten … Insgesamt bin ich überzeugt davon, dass UFOs existieren und eine Realität darstellen.«
(Ricardo Bermudez Sanhueza, General a. D. der chilenischen Luftwaffe und Direktor der Technischen Fachschule für Aeronautik) [3]

»Keine Institution hat das Recht, die Auseinandersetzungen zu blockieren … Und dazu gehört auch das Studium der Unidentifizierten Flugobjekte.«
(José Carlos Pereira, Oberbefehlshaber der brasilianischen Luftwaffe) [1]

»Am Abend des 3. März 1997, während meiner zweiten Amtszeit als Gouverneur von Arizona, erlebte ich zwischen 20:00 Uhr und 20:30 Uhr etwas, das aller Logik widersprach und

mein Weltbild infrage stellte: ein riesiges, deltaförmiges Luftschiff, das lautlos über den Squaw Peak im Phoenix Mountain Preserve flog. Es war kein Spuk, sondern ein enorm großer Festkörper, dessen markante Vorderkante von Scheinwerfern gesäumt war und der den Himmel über Arizona durchquerte. Als Pilot und ehemaliger Offizier der Luftwaffe kann ich mit Sicherheit sagen, dass er keinerlei Ähnlichkeit mit irgendeinem mir bekannten, von Menschenhand gebauten Objekt hatte.«

(Fife Symington III., von 1991 bis 1997 republikanischer Gouverneur von Arizona) [1]

»Mindestens vier verschiedene Spezies von Außerirdischen haben die Erde seit Jahrtausenden besucht.« [3] **»Einige der Außerirdischen sehen aus wie wir, und sie könnten die Straße hinunterlaufen, und man würde es nicht merken.«**

(Paul Theodore Hellyer, Ex-Verteidigungsminister Kanadas und 22 Jahre Mitglied des kanadischen Kabinetts)

»Die objektive Realität undefinierter Luftphänomene, besser bekannt als UFOs, unterliegt keinem Zweifel mehr … Das Klima des Misstrauens und der Desinformation, ganz zu schweigen vom Spott, lässt eine überraschende Form intellektueller Blindheit erkennen.«

(Yves Sillard, ehemaliger Generaldirektor der französischen Raumfahrtbehörde CNES) [1]

»Wir sind Teilnehmer in einem Universum, das wimmelt von intelligenten Lebensformen, von denen wir uns selbst abgeschnitten haben.«

(Prof. Dr. Dr. John Mack, 1929–2004, Harvard University) [4]

»Wir verfügen schon jetzt über die Möglichkeit, zu den Sternen zu fliegen … Was immer Sie sich vorstellen können, wir wissen, wie es geht … Wir haben die Technologie, ETs heimzubringen. Nein, es braucht kein Menschenleben, um es zu tun. Wir wissen, wie es funktioniert. Wir hätten die Möglichkeit, zu den Sternen zu fliegen.«

(Dr. Benjamin Robert Rich, 1925–1995, US-Flugzeugkonstrukteur. Von 1975 bis 1991 zweiter Direktor der Skunk Works, der geheimen Forschungsabteilung von Lockheed, Kalifornien. Dort wurde der Stealth-Bomber entwickelt. Rich machte die Aussage am 23. März 1993 bei der School of Engineering Alumni Association) [5]

»Ich und einige andere hatten das Privileg, von offizieller Seite darüber informiert zu werden, dass unser Planet bereits von Außerirdischen besucht wurde und dass das UFO-Phänomen real ist.«

(Dr. Edgar Dean Mitchell, 1930–2016, US-Astronaut, Kapitän von Apollo 14, sechster Mensch auf dem Mond) [6]

»Es gibt kaum Zweifel, dass einige Unidentifizierte Flugobjekte reale, dreidimensionale, massive Objekte sind, physisch existent und beobachtbar. Ihre Dinglichkeit wird dadurch belegt, dass sie bereits mit verschiedenen Sensorensystemen erfasst wurden.«

(Colonel Dr. John B. Alexander, ehemaliger Projektleiter am Los Alamos National Laboratory und des National Research Council der USA) [7]

Mit dieser Zitatauswahl – es gäbe Hunderte davon! – sollte auch für den hinterletzten Skeptiker klar werden: Wir sind nicht mehr allein. Es mag uns nicht passen, wir mögen schreien, fluchen, verdrängen, abwimmeln, jammern, winseln oder das Maul aufreißen wollen. Aber wir sind nicht mehr allein. Die Wissenschaft, die Vernünftigen und Sachlichen, mögen nach Alternativen suchen, nach »logischen« Erklärungen, um das Unmögliche einzuordnen – es nützt nichts: Wir sind nicht mehr allein. Jeder der oben zitierten Zeugen ist eine verantwortungsbewusste Persönlichkeit, jeder von ihnen weiß, was er ausspricht und warum er es tut. Und weshalb taten diese Männer dies?

Sie möchten die Menschheit vor einem Schock bewahren. Sie möchten die neuen Erkenntnisse peu à peu in die Gesellschaft einfließen lassen. Einige dieser mutigen Persönlichkeiten wissen noch mehr, als sie aussprechen, denn sie haben sich mit Außerirdischen unterhalten. Haben sie nach ihren Beweggründen gefragt. Wollten wissen, weshalb sie sich trotz ihrer technischen Überlegenheit nicht über uns hermachen, sich nicht über einem ausverkauften Fußballstadion zeigen und weshalb sie überhaupt Verständnis für uns Menschen aufbringen. Wir bringen schließlich auch kein Verständnis für Ameisenvölker auf.

Auf die generelle Frage, ob es überhaupt außerirdisches Leben gibt, will ich nicht (schon wieder!) eingehen. Jeder vernunftbegabte Mensch weiß es: Wir sind nicht allein im Universum. Zudem mag es dort draußen von Lebensformen unvorstellbarer Art wimmeln – aber auch von Menschenähnlichen. Dies ergibt sich aus der Pan-Spermia-Theorie des schwedischen Nobelpreisträgers Svante Arrhenius (1859–1927). Ich berichtete früher darüber. [8] Und erdähnliche Planeten? Nicht zu heiß und nicht zu kalt? Die NASA rechnet allein in unserer Milchstraße mit 4,5 Milliarden derartigen Welten. (Hochrechnungen nach Messungen des *Kepler*-Weltraumteleskops kommen sogar auf 17 Milliarden erdähnliche Planeten.)

Was wollen die Fremden hier? Weshalb wissen sie überhaupt von unserer Welt? Weil wir Ableger von ihnen sind. Die Götter schufen die Menschen nach ihrem Ebenbild.

Ein plötzlicher, unangemeldeter Kontakt von ETs mit unserer Gesellschaft wäre eine Katastrophe. Zuerst einmal für uns – doch möglicherweise auch für die Fremden. Darüber schreibt ein Wissenschaftsautor unter dem Pseudonym Claudio Stella: [9]

»Sind die wahrscheinlichen Folgen eines Kontaktes Kriege der Staaten untereinander, führt also der Kontakt zu Tod, Vernichtung und Zerstörung, spricht einiges gegen die Kontaktaufnahme.«

Kann es den ETs nicht vollkommen egal sein, was auf unserer Erde geschieht? Was kümmern sie Menschenkriege? Menschengefühle? Menschliches Verhalten? Menschliche Politik? Menschliche Religionen?

Gegenfrage: Was hätten Außerirdische von einer kaputten Erde? Von Milliarden von Toten? Von zerstörten Industrien?

Unsere Rohstoffe! Ha! Eine außerirdische Spezies fördert ihre Mineralien, Erze, Gold etc. nicht auf einem bewohnten Planeten. Rohstoffe gibt's gratis – ohne Krieg und Tod – auf den unbewohnten Planeten jedes Sonnensystems. Bei uns auf dem Mond, dem Mars oder erst recht im Asteroidengürtel zwischen Mars und Jupiter. Dort – beispielsweise auf dem Miniplaneten Ceres – liegen die Rohstoffe in reiner Form. Sie können durch Roboter abgebaggert, abgebaut werden – und das ohne störende Lebensformen, ohne widerliche Gewitterwolken und ohne zu bezahlen. Weshalb sollten sich ETs auf einen Erdenkrieg einlassen, sich verhasst machen, sich auch nach einem Sieg mit heimtückischen Sabotageakten herumärgern müssen, wenn's doch viel einfacher geht? Um Rohstoffe ging es den Außerirdischen nie. In jedem Sonnensystem wimmelt's davon.

Weshalb dann keinen direkten Kontakt mit uns? Sachte. Tatsächlich existieren Verbindungen mit vereinzelten Gruppen auf der Erde – darauf komme ich noch. Doch es fehlt die globale Präsenz, der beeindruckende, auch erschreckende öffentliche Auftritt.

Mit wem sollen sich die ETs zusammensetzen? Mit den Despoten eines unterentwickelten Staates, die nur ihren eigenen Vorteil im Sinne haben und von Wissenschaft und Technologie nichts verstehen? Mit den korrupten Herrschern von Entwicklungsländern? Was soll ein derartiger Kontakt den ETs bringen? Also kann es keinen Kontakt mit Dummköpfen geben, sondern nur einen mit den Führern einer fortschrittlichen, technologischen Gesellschaft. Auf der Erde mit den Amerikanern? Den Russen? Den Franzosen oder Chinesen? Jede kontaktierte Nation würde augenblicklich versuchen, aus den Informationen der Außerirdischen einen eigenen Vorteil zu gewinnen. Man will den anderen überlegen sein. Dies ist sowohl die Keimzelle für Neid im Hinblick auf die technische Überlegenheit des anderen als auch für die Angst vor einer möglichen Unterjochung. Also sollten sich die Außerirdischen vor allen Nationen gleichzeitig zeigen? Sollten mit riesigen Raumschiffen um den Globus kreisen, über Golfplätzen und Olympiastadien auftauchen? Sich ins globale TV-Netz einschalten?

Unsere Reaktion wäre fürchterlich.

Der Papst würde verkünden, die ETs seien vom Teufel, seien der Antichrist, und wir Christen dürften niemals auf sie hören. Die Fremden seien gekommen, um uns auszubeuten, zu versklaven und zu vernichten, wie es bereits der Apostel Johannes in seiner Apokalypse angekündigt habe. Nicht besser der oberste Mufti des Islam oder der Oberrabbiner Jerusalems. Durch den Besuch der Außerirdischen verlieren sämtliche Religionsfürsten ihre Macht. Ein unbedachtes Wort eines ETs, etwa Gott habe keinen Sohn oder es habe nie eine Erbsünde gegeben und damit auch keinen Grund für den Erlösertod von Jesus, verwandelt den Christenglauben in ein Tollhaus.

Bei einem TV-Interview doziert ein Außerirdischer, Mohammed, Begründer des Islam, habe keine Zeile seines *Koran* persönlich geschrieben. Er sei ein ungebildeter Analphabet gewesen und alle *Koran*-Verse seien Erfindungen späterer Gelehrter. Daraufhin bringen sich Millionen von gläubigen Muslimen um. Ein Leben lang gebetet, gelitten, geschuftet für eine Lüge? Blutige Kriege um nichts geführt? Millionen von Menschen wegen eines Irrtums umgebracht? Jetzt werden vor Wut und Enttäuschung Moscheen niedergebrannt, die Kaaba in Mekka gesprengt, Mullahs gleich massenweise ermordet. Der Sinn des Lebens ist abhandengekommen.

In Jerusalem erklärt ein freundlich lächelnder ET seinem jüdischen Gesprächspartner, der Gott der *Thora,* der zu Moses gesprochen habe, der mit Feuer, Lärm und Gestank auf den heiligen Berg herniedergefahren sei, sei nur ein Außerirdischer gewesen, einer ihrer Vorfahren, die schon vor Jahrtausenden die Erde besuchten. Jahwe ein ET? Eine Jahrtausende hervorragend verkaufte Religion nichts als intellektueller Unsinn? Basierend auf Missverständnissen der technisch ungebildeten Vorfahren? Das darf doch nicht wahr sein! Der Gott des Alten Testaments ein Außerirdischer? Über fünf Jahrtausende lang soll die Gemeinschaft der Juden falsch geleitet worden sein?

Bei einer Debatte mit Beteiligung von ETs beharrt ein Anthropologe darauf, dass die Evolution ein gesicherter Bestandteil des wissenschaftlichen Weltbildes sei. Doch der ET in der Runde erklärt: »Evolution ja – aber nicht nur. Die Erde war nie ein geschlossenes System. Unsere Vorfahren haben mehrfach in das menschliche Genom eingegriffen.« Für die irdischen Darwinisten, und dies betrifft eigentlich die gesamte akademische Welt, bricht ein wissenschaftlich gut zementiertes Gebäude zusammen. Stimmt denn gar nichts, was wir Menschen mit Fleiß und Gründlichkeit mühsam erarbeitet haben? Der Physiker bemerkt, Albert Einstein habe klipp und klar errechnet, die Lichtgeschwindigkeit sei die oberste Grenze. Schneller gehe nicht, denn beim Erreichen der Lichtgeschwindigkeit würde die Masse unendlich. Doch der liebenswerte, stets lächelnde ET neben ihm widerspricht mit sanfter, gefühlvoller Stimme: »Einstein hatte schon recht, doch nur in Ihrem physikalischen System. Es existieren Systeme, da gilt Einsteins Physik nicht mehr. Was denken Sie, wie wir hergekommen sind? Mit Flüssigkeitstriebwerken?«

Als vernünftige Wesen, der irdischen Technologie um Jahrhunderte voraus, werden sich die ETs nicht ohne sanfte Vorbereitung in unser Leben einmischen. Vorbereitung? Wie soll diese aussehen?

Am 13. Oktober 1917 demonstrierten die Fremden ihre Präsenz vor 75 000 Erdlingen im kleinen portugiesischen Ort Fátima. Getarnt als religiöse Erscheinung. Damals übergaben sie eine Botschaft, adressiert »an den höchsten Repräsentanten der Erde« mit der Bitte, diese Botschaft im Jahre 1960 – 43 Jahre nach der Show am Firmament – zu veröffentlichen. Die Botschaft landete im Vatikan. Bis heute weigerten sich sämtliche Päpste, den Inhalt des sogenannten »Dritten Geheimnisses von Fátima« der Öffentlichkeit zugänglich zu machen. Obschon die Botschaft doch eigentlich von der (angeblichen) Mutter Gottes stammen soll, die ja wohl wissen wird, was sie ihrem höchsten religiösen Repräsentanten auf der Erde, dem Papst, zumuten kann. In der Folge wurden falsche Botschaften veröffentlicht und von vatikanischer Seite Unwahrheiten produziert. In meinem Buch *Die Götter waren Astronauten* [10] habe ich die ganze Lügenmär penibel entlarvt. Immerhin, in der grandiosen Basilika von Fátima dürfen die Besucher heute noch die phänomenale Glasmalerei mit dem sogenannten »Sonnenwunder von Fátima« bestaunen.

Die Päpste weigerten sich, die Botschaft von Fátima öffentlich zugänglich zu machen. Punkt. Wäre es jetzt nicht Zeit für die Außerirdischen gewesen, protestierend einzugreifen? Offensichtlich geschah das nicht. Weder 1960 noch später. Weshalb eigentlich nicht? Weil die ETs unsere Politik, unsere Religionen, unser ganzes Gesellschaftssystem kennen und außerdem nicht das geringste Interesse daran haben, die Erde in Aufruhr zu versetzen. Zuerst einmal aus simplem Eigennutz. Ein kaputter Planet mit Millionen von wütenden, enttäuschten Menschen hilft ihnen gar nichts. Also heißt es, weiter Geduld mit diesen widerspenstigen Wesen zu üben und sie sachte auf den offiziellen Kontakt vorzubereiten. Selbstverständlich ist das auch den Päpsten bekannt. Seit spätestens 1960 kennt jeder von ihnen die Wahrheit. Jeder weiß über den Kontakt am 13. Oktober 1917 Bescheid. Und jeder von ihnen weiß, dass die Wahrheit unaufhaltsam näherkommt. Tag für Tag, Jahr für Jahr. Mich wundert überhaupt nicht, dass seine Heiligkeit, Papst Johannes XXIII. (Papst von 1958 bis 1963), der 1960 die Botschaft von Fátima las, vor Kummer und Gram starb. Der nächste Oberhirte, Papst Johannes Paul V. (Papst von 1963 bis 1978), bereiste die Welt und dürfte wohl alle Religionsfürsten über die ETs und den unaufhaltsam näherrückenden »Jüngsten Tag der Erkenntnis« informiert haben. Da passt es hervorragend ins Bild, wenn der nächste Papst, Johannes Paul I., die Unwahrheit nicht mehr ertragen konnte und zerbrach. Bereits vor seiner Wahl hatte sich der spätere Papst in Portugal ausführlich mit der Klosternonne Lucia unterhalten. Jener Schwester Lucia, die die letzte lebende Zeugin der Erscheinungen von Fátima war. Der Bruder des Papstes, Edoardo Luciani, berichtete, nach dem Gespräch mit Schwester Lucia sei sein Bruder (der kommende Papst) »völlig verstört«

gewesen. [11] Er konnte sein schweres Amt gerade 33 Tage ausüben. Später wurde spekuliert, der Papst sei ermordet worden, vermutlich weil er hinter einige unredliche Bankgeschäfte des Vatikan gekommen sei. [11] Und wenn's ganz anders war? Schließlich kannte der Papst die Wahrheit über Fátima von der

Bild 1: Glasmalerei des Sonnenwunders in der Kathedrale von Fátima, Portugal

Klosterschwester Lucia. Er wusste, dass sich dort keine Mutter Gottes, sondern Außerirdische gezeigt hatten. Diskutierte er diese Tatsache mit hohen Würdenträgern? Beabsichtige er, sie öffentlich zu machen? War dies sein Todesurteil? Festzustellen bleibt: Johannes Paul I. amtierte gerade einmal traurige 33 Tage

lang. Der nächste Papst Johannes Paul II. übte sein Amt von 1978 bis 2005 aus. Er gilt als der Apostel, der die Welt bereiste. In jedem Land, das er besuchte, küsste er zuerst den Boden. Ein symbolischer Akt? Oder wollte er ausdrücken: Noch gehört dieses Land uns Erdenbürgern! Schließlich Benedikt der XVI., der ab dem Jahre 2005 amtierte. Am 28. Februar 2013 trat er zurück. Ein einmaliger Vorgang in der 1900-jährigen Geschichte des Papsttums. Der höchste kirchliche Würdenträger, der Nachfolger auf dem Thron Petri, mochte nicht mehr. Oh ja, ihre hochwürdigen Heiligkeiten wissen Bescheid. Und die Wissenschaft?

Nur ein ganz enger Kreis ist hier informiert, und diese Wissenden verpflichteten sich untereinander, nicht an die Öffentlichkeit zu gehen. Weshalb um Gottes Willen? Was soll die doofe Geheimniskrämerei?

Man stelle sich vor, ein einzelner Astrophysiker würde von einem Außerirdischen kontaktiert. Was soll der Mann jetzt tun? Eine wissenschaftliche Konferenz einberufen und seine Kollegen informieren? Die werden ihn für verrückt erklären. Und wenn er seinen Kontakt beweisen kann? Vielleicht mit einem Geschenk der ETs, das alle Anwesenden überzeugt? Jetzt greift die Verantwortung der wissenschaftlichen Gemeinschaft. Jeder Astrophysiker und jeder Astronom ist eine hochgebildete Persönlichkeit. Jeder von ihnen kennt unser Gesellschaftssystem, weiß über Religionen und Politik Bescheid. Jeder kann sich die Reaktionen der Menschen ausdenken. Jedem der anwesenden Wissenschaftler ist augenblicklich sternenklar: Für diese brisante Botschaft ist die Menschheit noch nicht reif. Man auferlegt sich eine Selbstzensur. Dies ist beweisbar.

Jahr für Jahr findet im Rahmen der International Academy of Astronautics – der IAU – eine SETI-Konferenz statt. Irgendwo auf der Welt. SETI steht für Search for Extraterrestrial Intelligence. Schon während der SETI-Konferenz des Jahres 1989 beschlossen die beteiligten Wissenschaftler, eine Selbstzensur einzuführen, die global für alle Astronomen und Astrophysiker gilt: die »Deklaration des Vorgehens nach der Entdeckung außerirdischer Intelligenz«.[12] In dieser Erklärung wird festgehalten, wie sich Wissenschaftler angesichts eines solchen Ereignisses verhalten müssen. Beispiele gefällig?

1. Jede Person und jede staatliche oder private Forschungseinrichtung oder Regierungsstelle, die glaubt, ein Signal *oder einen anderen Beweis für außerirdisches Leben entdeckt zu haben*, sollte zu prüfen versuchen, ob die plausibelste Erklärung tatsächlich ein Beweis für außerirdische Intelligenz ist …, bevor sie eine öffentliche Bekanntgabe macht.
2. *Bevor* der Entdecker öffentlich bekannt gibt, der Beweis für eine außerirdische Intelligenz sei erbracht, hat er unverzüglich folgende Institutionen zu informieren: alle anderen Forscher und Forschungseinrichtungen, die Parteien dieser Deklaration sind, (wobei gilt:) … die Parteien dieser Deklaration *werden keine öffentliche Bekanntmachung über die Entdeckung abgeben …*
3. Sollte ein glaubhafter Beweis für außerirdische Intelligenz gefunden werden, wird ein internationales Komitee von Wissenschaftlern und anderen Experten einberufen …

Kapiert? Sogar ein Wissenschaftler, und mag er in seiner Zunft noch so hoch angesiedelt sein und gar handfeste Beweise für seinen Kontakt mit einem ET vorlegen können, darf damit nicht an die Öffentlichkeit. Zuerst muss alles durch den trägen, klebrigen Gang der Kommissionen. Dort wird entschieden, ob und wann die Menschen reif für eine außerirdische Botschaft sind. Was aber, wenn ein Wissenschaftler aus der Reihe schert? Sich keinen Deut um die Deklaration kümmert? Dann mag er eine Pressekonferenz einberufen – und ist weg vom Fenster. Die eigenen Kollegen schießen ihm in den Rücken. Er hat das oberste Gebot gebrochen: Du sollst nicht an die Öffentlichkeit gehen. Und die Medien nehmen seine Verlautbarungen nicht erst. Genauso wenig, wie sie die Aussagen der Persönlichkeiten ernst nehmen, die ich vorher zitierte.

Alle Nationen, die technologisch dazu imstande sind, betreiben Astronomie. Da wird nicht nur das Firmament beobachtet, sondern auch nach Signalen von ETs gesucht. Ganze Wälder von Parabolantennen sind himmelwärts gerichtet. Mess-Sonden wurden ins All geschossen und Roboter auf der Marsoberfläche abgesetzt. Während ich diese Zeilen tippe, umkreist die Weltraumsonde *Dawn* den Miniplaneten Ceres im Asteroidengürtel und liefert sensationelle Bilder. Bilder übrigens, die auch einen Berg mit seltsamen schwarz-weißen Streifen zeigen und ein großes Rechteck am Boden, das nach einem künstlichen Ursprung schreit. Verzweifelt suchen die Astronomen nach natürlichen Erklärungen für diese Phänomene. Es könnte sich genauso gut um die Spuren von Bergbau handeln. Irgendwann hat irgendeine Gruppe von ETs Rohstoffe auf Ceres abgebaut. Dieser Gedanke darf nicht an die Öffentlichkeit. Zumindest nicht hinausgetragen werden von einem seriösen Astronomen. Und das sind im Allgemeinen blitzgescheite und grundehrliche Menschen. Soll man dem hochmögenden astronomischen Gremium dieser Welt überfallartig mitteilen, dass all seine Bemühungen hinsichtlich der Suche nach einer außerirdischen Intelligenz überflüssig gewesen seien? Die Milliardenbeträge für Parabolantennen, Weltraumsonden und Roboter hinausgeschmissenes Steuergeld? Ihre wissenschaftlichen Forschungen für die Katz, – denn ETs seien bereits da! Hier! Im Sonnensystem und sogar auf der Erde! Wie sollte ein brillanter Astrophysiker wie Stephen Hawking, der gemeinsam mit dem russischen Milliardär Juri

Milner nach außerirdischem Leben sucht, reagieren? Hawking und Milner starteten im April 2016 ein 100-Millionen-Dollar-Programm für die Suche nach Leben im Weltall. Eine für nichts ausgegebene Riesensumme? Ich kann mir vorstellen, dass Stephen Hawking gar nichts von UFOs und irgendwelchen ETs auf der Erde wissen will – bis er persönlichen Kontakt erhält.

Langsam wird wohl auch dem Skeptiker klar, dass nicht nur die breite Öffentlichkeit vor dem Auftauchen von ETs geschützt werden muss, sondern auch die Wissenschaft. Ihre Vertreter bedürfen der Zensur genauso wie die gläubige Volksmasse. Wie also soll trotz der beweisbaren Tatsachen vorgegangen werden? Claudio Stella, der gründliche Denker in Bezug auf einen Kontakt mit ETs, schlägt eine lange Vorbereitungszeit vor [9]:

»Verläuft die Anpassung distanziert, kritisch, bewusst und langsam, so ist ein Kulturschock bis hin zum Verlust der eigenen kulturellen Orientierung und der hieraus resultierenden schrecklichen Konsequenzen eher nicht zu befürchten.«

Gemäß seinen Analysen wäre es vonseiten der ETs klug, die Vorbereitungszeit bis zum Eintritt des großen Ereignisses zu nutzen:

»Da solche Prozesse irrational ablaufen können, kann es für die ETs ratsam sein, die Erde auf ihre Ankunft durch eine direkte Vorankündigung mental, kulturell, politisch und organisatorisch vorzubereiten. Für einen solch schonenden, wenig schockierenden ersten Kontakt kommen verschiedene Formen der Vorankündigung in Betracht. Zur Vorbereitung der Menschheit könnte beispielsweise ein technisches Artefakt auftauchen, das eindeutig einer extraterrestrischen Zivilisation zugeschrieben werden kann.«

Wir stecken inmitten dieses Vorbereitungsprozesses, und die wenigsten Erdenbürger ahnen es. Mentale und kulturelle Anpassung? Seit Jahrzehnten werden die Science-Fiction-Filme aus Hollywood immer raffinierter, technisch perfekter. Abermillionen

Menschen folgen der *Star-Wars*-Serie in heller Begeisterung. Seit dem Jahr 2009 strahlt der US-amerikanische History Channel die Sendung *Ancient Aliens* aus. Darin geht es um den Besuch von Außerirdischen durch die Jahrtausende. Geplant waren einmal fünf Folgen. Inzwischen sind es 150. *Ancient Aliens* erreicht die höchsten Einschaltquoten in der Geschichte des History Channel. Dies weltweit in vielen Sprachen.

Eine politische Anpassung? Wie soll das auf einem Planeten funktionieren, auf dem Religionskriege ausgetragen werden? Auf dem Diktatoren ihre Länder beherrschen und nichts von einer Modernisierung wissen wollen? Auf dem muslimische Fanatiker dem Rest der Welt ihre bescheuerten Meinungen aufzwingen wollen?

Jeder Despot, und sei er noch so bauernschlau, registriert die technischen Veränderungen in der Welt. TV-Sendungen werden über Satelliten verbreitet. Reisende berichten über ihre Erfahrungen in anderen Ländern. Das Internet blüht überall. Ein Land ist nicht abzuschirmen. Auch der dümmste Diktator will, zumindest für sich selbst, an den modernen Errungenschaften teilhaben. Da die Industrie seines eigenen Landes unfähig ist, einen Kühlschrank oder ein Handy herzustellen, muss er technische Produkte im Ausland erstehen. Waffen inklusive. Die Rechnungen für seine importierten Güter müssen mit einer internationalen Währung beglichen werden. Seine eigene Landeswährung interessiert keine Sau – denn damit kann man nichts kaufen. Es bleibt dem Diktator nichts anderes übrig, als sich den internationalen Gepflogenheiten anzupassen. Früher oder später. Er wird in die Familie der UNO aufgenommen und muss sich an die entsprechenden Vereinbarungen halten. Schließlich besuchen UNO-Vertreter sein Reich und Bürger seines Landes reisen hinaus. Schottet er seinen Staat weiter ab, wird die hausgemachte Revolution unausweichlich. Der Zeitgeist überwindet jede Diktatur.

Die meisten Industrienationen pflegen die Demokratie, und ihre Vertreter werden nicht müde, diese Staatsform allen anderen anzupreisen. Doch eine Volksdemokratie, wie sie beispielsweise in der Schweiz praktiziert wird, ist international nicht durchsetzbar. In der Demokratie siegt die Mehrheit, und die Minderheit fügt sich diesem Diktat ohne Streit oder gar Krieg. Doch zuerst einmal müssen alle Wähler vernünftig sein. Lesen und Schreiben sind minimale Voraussetzungen, die Volksbildung muss so weit fortgeschritten sein, dass die Stimmbürger die Argumente für und gegen eine Entscheidung sachlich abzuwägen vermögen. In den Entwicklungsländern fehlt diese Vernunft. Dank der Medien sind die Massen leicht beeinflussbar. Also Bahn frei für die Oligarchen? Für die Besitzer dieser magischen Kanäle? In Demokratien sind Regeln eingebaut, um die Macht der Superreichen zu relativieren. Die Regeln funktionieren. Mehr oder weniger.

Wie wäre es, wenn sich ein ET mit einer reichen Familie zusammentäte und diese Superkapitalisten veranlassen würde, eine Botschaft der Außerirdischen über diejenigen Medien bekannt zu machen, die die reiche Familie kontrolliert? Vorstellbar wäre ein Gegengeschäft. Der Reiche erhielte ein einzigartiges, technisches Knowhow des ET, das er patentieren und in seinen Industrien produzieren könnte. Was die Familie noch reicher machen würde. Und was hätte der ET davon?

Er bräche die Regeln, die seine Spezies mit einer anderen Gruppe vereinbart hat. Andere Reiche – auch Militärs, Staaten! – könnten den exponierten Oligarchen angreifen, sein Produkt verschmähen, ihn international zur Ordnung rufen. Seine Reisefreiheit und die seiner Mitarbeiter beschränken, seine Konten einfrieren etc. Auch die superreiche Familie müsste sich anpassen. Gerade sie kennt die internationalen Gepflogenheiten, auch sie möchte ein geachtetes Glied der menschlichen Gesellschaft sein. Der ET hätte nichts von einem Alleingang. Möglich sogar, dass im Universum intergalaktische Regeln gelten, so etwas wie eine »Milchstraßen-UNO«, die dem einzelnen ET eine Kontaktaufnahme mit Individuen auf einem anderen Planeten untersagt. Vielleicht würde dem ET ein Ausschluss aus seiner Gemeinschaft drohen. Er könnte isoliert und von seinen technischen Basen abgeschnitten werden.

Wenn das alles derart kompliziert ist, mit wem sollen dann die Außerirdischen überhaupt Kontakt aufnehmen? Angeblich darf ihre technologische Überlegenheit nicht eingesetzt werden – ein verwüsteter Planet nützt ihnen nichts und Rohstoffe finden sie gratis im Sonnensystem. Mit nur einer Nation darf kein Abkommen getroffen werden, weil das betreffende Land sofort einen Vorteil gegenüber allen anderen hätte. Einzelpersonen dürfen nicht bevorteilt werden, und selbst wenn eine derartige Person exklusive und wertvolle Informationen erhielte, würde sie von der Öffentlichkeit nicht ernst genommen. Mit wem, um alles in der Welt, sollen denn ETs kommunizieren? Wer bleibt da noch übrig?

Die Antwort lautet: Intelligente Menschen, die über die Kompetenz verfügen, ein stillschweigendes Gremium einzuberufen. Dank ihres Verantwortungsbewusstseins wäre eine derartige Gruppe geeignet, die Folgen eines Kontaktes abzuschätzen. Exakt diese Variante läuft zurzeit.

Wie bitte? Die ETs sollen die Menschheit »mental, kulturell, politisch und organisatorisch« [9] auf ihren Besuch vorbereiten? Aber irgendwo müssten sie ja anfangen. Seit Fátima im Jahre 1917 geschieht dies. Über Jahrzehnte hinweg zeigten sie sich sporadisch. Die Erdlinge nannten das Gesehene UFOs. Vernünftige Menschen zuckten die Schultern, lachten bestenfalls darüber. Doch es wurden immer mehr. Dumme und gescheite

Bücher über UFOs erschienen, Geistesgrößen und simple Arbeiter zählten zu den Betroffenen. Die UFO-Literatur wuchs zum Millionenberg. Dann kam es zu den Begegnungen der dritten und vierten Art – ETs unterhielten sich mit Menschen, luden sie sogar in ihre Raumschiffe ein. Darüber gibt es beglaubigte Berichte. [13] Als Nächstes kam es zu vereinzelten Entführungen von Menschen. »Hört auf mit dem Unsinn! Nicht mehr zu ertragen!«, schrien die bodenständigen Wissenschaftler entrüstet. Doch der Unsinn galt nur so lange, bis er wissenschaftlich belegbar wurde, weil die ETs einigen ihrer Opfer Implantate verpassten. Die ließen sich herausoperieren und physikalisch wie chemisch analysieren. [14, 15, 16] Wissenschaftlich belegbar zumindest für diejenigen, die es ernsthaft wissen wollten. Jahr für Jahr wurden immer größere internationale UFO-Konferenzen einberufen. Besucht von Tausenden, darunter immer mehr Wissenschaftlern. Ich selbst zählte mich jahrzehntelang eher zu den Gegnern der UFO-Gemeinde. Am Markt wurde zu viel Unsinn angeboten. Dann, nach Begegnungen mit wunderbaren Menschen, darunter auch außergewöhnlichen Persönlichkeiten, musste ich meine Meinung mehr und mehr revidieren. So berichtete ich im ersten Kapitel meines letzten Buches über fünf UFO-Fälle, die definitiv nicht widerlegbar sind. Alle Augenzeugen kannte ich persönlich. [17] Und wenn einer derart tief in die Materie eingedrungen ist, die Gegenargumente der Skeptiker berücksichtigt hat wie ich, dann kann ein solcher Typ nicht mehr schweigen. Zivilcourage ist gefragt.

Wie aber, in welcher Form, haben sich die ersten Außerirdischen bei vereinzelten Wissenschaftlern gemeldet? Sind sie ihnen als Engel im Traume erschienen? Als Kobolde nachts in ihre Schlafzimmer gestürmt? Haben sie sich als sprechende Hunde oder clevere Papageien getarnt?

Nachdem die ETs still und heimlich vereinzelte Erdlinge entführten, wurden diesen Sperma- und Eiproben entnommen. Belegbar. [13] Menschliche Außerirdische entstanden. Das sind diejenigen, von denen Kanadas Ex-Verteidigungsminister sagte: »Einige sehen aus wie wir, und sie könnten die Straße hinunterlaufen, und man würde es nicht merken.« [3] Das umfassende Wissen dieser »Abgesandten« beeindruckte jeden kontaktierten Wissenschaftler derart, dass er – um es platt zu sagen – regelrecht erschlagen wurde. Die ins Vertrauen gezogenen Genies sind sich ihrer Verantwortung der Menschheit gegenüber bewusst. Zwingenderweise bilden sich geheime Zirkel. In der menschlichen Gesellschaft funktioniert es nicht anders. Und selbstverständlich wünscht die kontaktierte Menschengruppe irgendeine Leistung von den ETs. Wir können nun mal nicht aus unserer Haut. Dementsprechend versucht die Gruppe zu verhandeln. Das könnte etwa so aussehen: Wir akzeptieren eure Gegenwart, wir schützen eure Anonymität so lange, bis die Mehrheit der Menschen die Existenz von Außerirdischen ohne Panik verdaut. Wie wär's als Gegenleistung mit einem winzigen Aspekt aus eurer phänomenalen Technologie? Als Nächstes wird vertraglich festgelegt, dass das erworbene Wissen nur zum Vorteil der gesamten Menschheit eingesetzt werden darf. Ein Abkommen, das beide Partner einhalten müssen. Den Irdischen ist die fürchterliche Reaktion ihrer eigenen Artgenossen bekannt, sollten die ETs über ausverkauften Fußballstadien auftauchen. Den Außerirdischen genauso – und zudem hilft ihnen ein zerstörter Planet und eine durchgeknallte Menschheit nichts. Im schlimmsten Falle eines Vertragsbruchs könnten die Außerirdischen immer noch mit ihren Waffen winken. Kurz darauf entsteht in supergeheimen Anlagen also ein irdisches UFO, das genauso gut zu den Sternen fliegen könnte wie sein außerirdisches Vorbild. Wie sagte Dr. Benjamin Robert Rich, der Direktor der

Skunk Works von Lockheed, wo der Tarnkappenbomber entwickelt wurde? »Wir verfügen schon jetzt über die Möglichkeit, zu den Sternen zu fliegen …, wir haben die Technologie, ETs heimzubringen. Nein, es braucht kein Menschenleben, um es zu tun. Wir wissen, wie es funktioniert. Wir hätten die Möglichkeit, zu den Sternen zu fliegen.« [5] Der US-Astronaut Edgar Mitchel vertrat dieselbe Meinung: »Nicht alle UFOs sind auch tatsächlich außerirdischer Herkunft. Bei einigen handelt es sich um unsere eigenen Entwicklungen …, aber wir sind bei Weitem nicht auf dem technologischen Stand wie die, die uns besuchen.« [18]

Weshalb eigentlich stuft jede amerikanische Regierung dramatische UFO Sichtungen, unübersehbare und von Piloten gemeldete Überfliegungen des eigenen Territoriums, als harmlos ein? Ist es schlicht so, wie die Skeptiker behaupten? Niemand, weder ein US-Verteidigungsminister noch ein vernünftiger Wissenschaftler, nimmt das Thema ernst? Man hält UFOs, und was immer damit zusammenhängt, für einen Schmarren, für totalen Unsinn, für Hirngespinste? Und die sachlich warnenden Menschen für irregeleitet, sodass man sie nicht ernst nehmen darf? Sorry! Das Problem liegt anders herum. Die Skeptiker und die »Vernünftigen«, die mit beiden Beinen auf dem Boden stehen möchten, sind gar nicht informiert. Sie *wissen nicht,* was abgeht. Ausnahmslos jede Persönlichkeit, die ich zu Beginn dieses Kapitels zitiert habe, war ursprünglich ein Skeptiker. Keiner hielt ehedem UFOs für eine außerirdische Realität. Sie alle standen so lange auf dem Boden der angeblichen Vernunft, bis sie eingeweiht wurden. Und um an diese Informationen heranzukommen, muss man sich bemühen – sie fallen nicht vom Himmel. Schließlich geht es immer noch um wohlgehütete Geheimnisse, die verhindern sollen, dass die Menschheit durchdreht. Inzwischen aber sind UFOs von allen militärischen Systemen erfasst worden. Es wimmelt von hervorragenden Radar- und optischen Daten, von eindeutigen Aussagen von Kampfpiloten und Luftwaffengenerälen – dies international. Keiner dieser Zeugen hat einen Sprung in der Schüssel, keiner spinnt. Keiner ist verantwortungslos. Doch die US-Regierung erkennt nicht die geringste Gefahr für die nationale Sicherheit? [1] Furzt hingegen ein fremdes Flugzeug, das sofort abgeknallt werden könnte, über eine US-Grenze, wird augenblicklich die nationale Sicherheit angerufen. Das nachgerade absurde, gleichgültige Verhalten der US-Behörden den UFOs gegenüber schreit regelrecht nach einem existierenden Geheimabkommen. Wehe, ein russisches Flugzeug oder gar ein fremdes U-Boot verletzen das amerikanische Hoheitsgebiet! Augenblicklich ist die Hölle los, auch in den Medien. Doch UFOs existieren nicht, auch wenn sie zu Hunderten bezeugt und elektronisch wie optisch festgenagelt wurden.

Weil die rechte Hand nicht weiß, was die Linke tut, kommt es von behördlicher Seite zu köstlichen Widersprüchen. Da wurde und wird einerseits verkündet, UFOs existier(t)en nicht, doch das US Department of Transportation gab andererseits am 9. Februar 2012 ein Merkblatt für Piloten heraus, das mit »Section 8. Unidentified Flying Objects (UFO) Reports« überschrieben ist. Darin wird den Piloten mitgeteilt, bei welcher Stelle sie sich im Falle von UFO-Sichtungen melden müssen – der Bigelow Aerospace Advanced Space Studies (BAASS). Mit Telefonnummer und E-Mail-Adresse.

Oder das britische MoD – Ministery of Defence – ließ am 24. Juni 1965 seine Mitarbeiter Folgendes wissen: »Our policy is to downplay the subject of UFO and to avoid attaching undue attention or publicity to it.« [19] (»Es ist unsere Politik, UFO-Berichte herunterzuspielen, um unnötige Aufmerksamkeit oder Öffentlichkeit zu vermeiden.«)

Bereits im Jahre 1953, als UFO-Sichtungen langsam in Mode kamen, gab der US-Geheimdienst CIA folgende Richtlinien heraus: »Alle Behörden des Geheimdienstnetzes sind dazu angehalten, die Massenmedien zum Zweck der Diskreditierung zu beeinflussen und zivile UFO-Forschungsgruppen zu infiltrieren … UFO-Berichte sollen unglaubwürdig und lächerlich gemacht werden …, das öffentliche Interesse an UFO-Vorfällen soll nachdrücklich ausgehöhlt werden … und Geheimdienstagenten sollen dafür sorgen, dass die Fakten führenden Forschern durch gezielte Desinformation vorenthalten werden.« [1, *Robertson Panel Report*]

Dafür gibt es kein anderes Wort als »Verschwörung«. Von behördlicher Seite initiiert. Punkt. Und wie die Anweisungen der CIA weltweit befolgt und durchgesetzt wurden, zeigt die Gegenwart. Wer seriös sein will, hält nichts von UFOs.

Vermutlich würden die ETs lieber mit einer Weltregierung verhandeln, die für die gesamte Menschheit zuständig ist. Doch ein derartiges Gremium existiert auf unserem Globus nicht (obschon bestimmte Gruppen fleißig daran arbeiten.) Bleibt noch die UNO. In diesem Falle müsste mit UNO-Delegierten diskutiert werden, und irgendwann wäre die UNO-Generalversammlung am Zug. Dies ist vermutlich das Fernziel. Beim gegenwärtigen Zeitpunkt hingegen glatter Selbstmord. ETs vor der UNO – und der gemischte Salat ist angerichtet. Panik total.

Die ETs könnten sich schlichtweg über unsere Bedenken hinwegsetzen und sich einmischen, wann und wo es ihnen passt. Sie könnten uns ihre Rechtsordnung aufzwingen und auf die Meinungen von Parlamenten oder der UNO pfeifen. Das hieße Diktatur mit den bereits angeschnittenen Folgen. Dasselbe gilt für eine Art von Protektorat. Claudio Stella hält es für denkbar, dass die Erde zu einem Protektorat einer intergalaktischen Gemeinschaft werden könnte. [9] Das wäre ohne den politischen Willen der Erdgemeinschaft (UNO) unmöglich, es liefe letztlich auf dasselbe hinaus wie eine Diktatur der ETs. Jetzt aber *wollen* die Fremden etwas von uns – darauf komme ich noch. Die Erde oder wir Menschen müssen irgendetwas besitzen, das für die anderen interessant ist. Nachdem eine Diktatur ausfällt, bleibt nur noch die Verhandlung. Verhandlungen funktionieren aber nirgendwo im Universum ohne Rechtsgrundlage. Die Fremden kennen ihr Recht – wir unseres. Es ist wie mit den Staaten auf dem weiten Erdenrund. Alle verfügen über spezifische nationale Rechte, doch existieren auch die übergeordneten Rechte der Weltgemeinschaft. Man wird einen Konsens finden müssen. Letztlich wird es wohl darauf hinauslaufen, dass die Menschen viel mehr von den Fremden erwarten als die ETs von uns. Wie funktioniert eine überlichtschnelle Kommunikation? Wie die Raumfahrt von Stern zu Stern ohne unsere primitiven Flüssigkeitstriebwerke? Wie haben die Fremden während ihrer Entwicklung die Umweltprobleme in den Griff bekommen? Die Energieprobleme? Wie entstanden eigentlich die verschiedenen Rassen? Wie viele Spezies gibt es dort draußen? Was existierte vor dem Urknall? Was ist Gott? Wie können wir unser Leben extrem verlängern? Gibt es in der Welt der ETs auch Verbrecher? Wie behandelt man sie? Bewegt man sich auf den fernen Planeten auch mit Verkehrsmitteln? Wie funktionieren die? Und welcher Art sind die fremden Gesellschaftssysteme? Kapitalistisch? Kommunistisch? Sozialistisch? Demokratisch? Oder sind es Diktaturen? Monarchien? Welche Politik wird allen Schichten gerecht? Gibt es so etwas wie einen »galaktischen Club«? Wie wird man darin Mitglied? Welche Regeln müssen eingehalten werden? Welche Art von Kleidung tragen die ETs? Wie wird sie hergestellt? Was für Metall- oder andere Legierungen kennen sie? Wo kommen diese zum Einsatz? Gibt es Kriege im Universum? Weshalb? Wer gegen wen? Etc., etc. Unsere Neugierde ist endlos. Irgendwann stehen wir vor der Wahl, galaktisch dabei zu sein oder als unterentwickelter Planet dahinzudarben. Abgeschnitten vom Rest der Milchstraße. Möglicherweise bis zur Selbstvernichtung und einem Neustart.

Man bedenke: Eine für alle Erdenbürger sichtbare Präsenz der ETs beraubt viele Global Player ihrer Macht. Religionen, Kardinäle, Päpste, Mullahs, Oberrabbiner etc. zählen genauso zu den Verlierern wie nationale Regierungen. »Politiker müssten sich mit der Frage auseinandersetzen, ob sie von heute auf morgen ihre Macht verlieren, wenn sie Kompetenzen an eine Weltorganisation abgeben müssen … Die Eliten verlieren ihre Deutungshoheit«, schreibt der emsige Claudio Stella. [9]

Weshalb? Werden sich die Menschen nicht einfach anpassen? Schön wär's, doch unabhängig von den politischen und finanziellen Führungsgruppen wimmelt es auf dieser Erde von Glaubensgemeinschaften. Die sogenannten »Propheten«, die selbst ernannten »Jünger« im Auftrag von Jesus, die »Erwählten«, die Heiligen und erst recht die Scheinheiligen werden nie zugeben, dass sie ihre Gläubigen jahrzehntelang an der Nase herumgeführt haben. Der Laie ahnt nicht, wie viele Kirchen überhaupt existieren und dass jede von sich behauptet, die einzig wahre zu sein. Die folgende, rundweg unvollständige Liste bestehender Religionsgemeinschaften soll nachdenklich machen:

- Kirche von Konstantinopel (Ökumenisches Patriarchat von Konstantinopel)
- Autokephale orthodoxe Kirche von ganz Albanien (Erzbistum von Albanien)
- Autokephale orthodoxe Kirche von Alexandria und ganz Afrika (Patriarchat von Alexandria)
- Kirche von Amerika (Erzbistum von Amerika)
- Kirche von Bulgarien (Patriarchat von Bulgarien; bulgarisch-orthodoxe Kirche)

- autokephale orthodoxe Kirche von ganz Georgien (Patriarchat von Georgien; georgisch-apostolisch-orthodoxe Kirche)
- autokephale orthodoxe Kirche von ganz Griechenland (Erzbistum von Griechenland; griechisch-orthodoxe Kirche)
- autokephale othodoxe Kirche von Jerusalem und ganz Palästina (Patriarchat von Jerusalem)
- autokephale orthodoxe Kirche von ganz Polen (Erzbistum von Polen; polnisch-orthodoxe Kirche)
- autokephale orthodoxe Kirche von Antiochien und dem ganzen Morgenland (Patriarchat von Antiochien; rum-orthodoxe Kirche)
- Kirche von Rumänien (Patriarchat von Rumänien; rumänisch-orthodoxe Kirche)
- Kirche von Moskau und ganz Russland (Patriarchat von Moskau und ganz Russland; russisch-orthodoxe Kirche)
- Kirche von Zypern (Erzbistum von Zypern; zypriotisch-orthodoxe Kirche)
- mazedonisch-orthodoxe Kirche
- orthodoxe Kirche Bessarabiens
- montenegrinisch-orthodoxe Kirche
- ukrainische autokephale orthodoxe Kirche
- türkisch-orthodoxes Patriarchat
- französisch-orthodoxe Kirche
- abchasisch-orthodoxe Kirche
- kroatisch-orthodoxe Kirche
- moldauisch-orthodoxe Kirche
- weißrussisch-orthodoxe Kirche
- altorthodoxe pomorische Kirche
- orthodoxe altritualistische Kirche
- russisch-orthodoxe altritualistische Kirche
- russisch-altorthodoxe Kirche
- koptisch-orthodoxe Kirche (Ägypten)

- britisch-orthodoxe Kirche (Diese 1866 von Raymond Ferrete begründete Kirche beruft sich auf die Tradition der bis zur Synode von Cashel 1172 bestehenden Keltischen Kirche.)
- römisch-katholische Kirche (auch katholische Kirche)
- unabhängige philippinische Kirche (Philippine Independent Church oder »Aglipay-Kirche« nach ihrem Gründer Gregorio Aglipay, seit 1902 von der römisch-katholischen Kirche unabhängig)
- Holy Cross Old Catholic Diocese of Minnesota (Bischof James Judd)
- Old Catholic Diocese of Napa, bis 2010 Old Catholic Church in Kalifornien (Bischof Robert Fuentes)
- Old Catholic Diocese of New England (Bischöfin Rosemary Ananis)
- Old Catholic Diocese of Washington, D. C. (Bischof Robert Fuentes)
- American Old Catholic Church in Colorado (Bischof Dan Gincig)
- Apostolic Catholic Church in Florida (Bischof Chuck Leigh)
- Ecumenical Catholic Church in New York (Bischof Peter Brennan)
- Old Catholic Church in Louisiana (Bischof Allen Jimenez)

Weitere freie altkatholische Kirchen, die über den International Council of Community Churches (ICCC) dem Ökumenischen Rat der Kirchen angehören, sind:

- American Catholic Church in Kalifornien (Bischof Lou Bordisso)
- Apostolic Catholic Church in Washington (Bischof David Strong)
- Ecumenical Catholic Church in Connecticut (Bischof Lorraine Bouffard)

- Open Episcopal Church in Großbritannien (Bischof Jonathan Blake)
- Biserica Catolica Independenta in Rumänien
- Die Priesterbruderschaft St. Pius X. und andere traditionalistische beziehungsweise sedisvakantistische Gruppen
- evangelisch-reformierte Kirchen der Schweiz
- koptische evangelische Kirche
- Evangelical Presbyterian Church Ghana
- assyrisch-evangelische Kirche
- Presbyterian Church in Ireland
- presbyterianische Kirche in Kamerun
- Presbyterian Church of Nigeria
- Church of Scotland
- Free Church of Scotland
- United Free Church of Scotland
- Cumberland Presbyterian Church
- Presbyterian Church (USA) (größte presbyterianische Kirche in den USA)
- Arbeitsgemeinschaft Mennonitischer Brüdergemeinden
- Bund Taufgesinnter Gemeinden
- mennonitische Freikirche Österreich
- Bund evangelisch-freikirchlicher Gemeinden
- Bund der Baptistengemeinden in Österreich
- Bund Schweizer Baptistengemeinden
- American Baptist Churches, USA
- Southern Baptist Convention
- Gemeinde für Christus
- Herrnhuter Brüdergemeine
- African Methodist Episcopal Church
- Kirche des Nazareners
- evangelische Kirche der Böhmischen Brüder
- United Church of Christ

- Christian Church (Disciples of Christ)
- Freikirche der Siebenten-Tags-Adventisten
- Assemblies of God
- Bund Freikirchlicher Pfingstgemeinden
- Gemeinde Gottes
- Gemeinde der Christen Ecclesia
- Mülheimer Verband Freikirchlich-Evangelischer Gemeinden (ältester deutscher Pfingstverband)
- Wort-des-Glaubens-Bewegung
- Schweizerische Pfingstmission
- International Christian Fellowship
- Jesus Freaks
- Schwenkfelder (sechs Gemeinden in Pennsylvania)
- Shaker (gelten als kleinste existierende christliche Konfession)
- Universalisten
- Apostolic Church of Queensland
- Apostolic Church of South Africa – Apostle Unity
- Reformiert-Apostolischer Gemeindebund
- Apostelamt Jesu Christi
- Apostolische Gemeinde Wiesbaden
- Apostolischer Gemeindebund
- Het Apostolisch Genootschap
- Christliche Wissenschaft
- Gemeinde Gottes des siebenten Tages
- Vereinigungskirche
- Zeugen Jehovas
- Adamiten
- Arianer
- Fifth Monarchy Men
- Gallikaner
- Böhmische Brüder
- Hussiten

- Hugenotten
- Congregationalists beziehungsweise Kongregationalisten
- Brüder und Schwestern des freien Geistes
- Patarener
- Paulikianer
- Puritaner
- Ranters
- Sozinianer
- Zioniten
- Mormonen
- Scientologen
- Kirche der Rosenkreuzer

Das waren gerade einmal etwas über 100 christliche Kirchen. Hinzu kommt die Weltgemeinschaft der Muslime mit ihren jeweiligen Unterabteilungen. Die Schiiten und Sunniten, die sich gegenseitig umbringen, sind nur die Bekanntesten davon. Oder die Wahhabiten und Salafisten, die total Extremen und die etwas weniger Extremen. Schließlich die kleinen, oft fanatischen Sekten und, und, und. Und jede Religionsgemeinschaft ist felsenfest davon überzeugt, die »wahre« Lehre zu besitzen, die einzige, unabänderliche Wahrheit. Sehr oft direkt inspiriert durch Gott oder zumindest einen heiligen Geist. Für diese Menschen wäre es schlicht unfassbar, das ihr Glaube plötzlich nicht mehr richtig sein sollte.

Millionen von Oberpriestern, Sektenführern, »Begnadeten«, »Erleuchteten« oder auf andere Art Inspirierten könnten sich mit den neuen Tatsachen niemals abfinden. Sie alle würden ihre Gläubigen anfeuern, unter gar keinen Umständen auf die Außerirdischen zu hören, sie stattdessen zu verfluchen und »im Namen Gottes« zu bekämpfen. Amen.

Wie lange werden die ETs dem irdischen Egoismus noch tatenlos zuschauen? Wann platzt ihnen der Kragen (sofern sie einen tragen)? Wann ist ihre Geduld ausgeschöpft? Wann sind die Grenzen ihres Mitgefühls erreicht? Haben sie ihren wissenschaftlichen Kontaktleuten auf der Erde Fristen gesetzt? So und so lange scheuchen wir euch nicht auf, aber irgendwann reicht's. Und dann? Lautloses Abrauschen für die nächsten paar Jahrtausende oder der totale Götterschock für die Menschheit? Welche Werte zählen für die ETs mehr?

In der Vergangenheit, und darüber weiß ich eine ganze Menge, zeigten sich die Außerirdischen nie vor gigantischen Menschenansammlungen. Biblischen Gestalten, wie etwa dem Herrn Moses und seinem Bruder Aaron, dem Stammvater Abraham, dem weisen Salomon oder dem Propheten Hesekiel, zeigten sie sich – zumindest nach dem Text der »Heiligen Schrift« – stets in kleinen Gruppen. Zwar nahmen sie einerseits den später als »Propheten« missverstandenen Henoch in ihrem Raumschiff auf, unterwiesen ihn in Sprache und Wissenschaften, schockierten aber keine Menschenmassen. Andererseits schlugen sie gnadenlos zu, wüteten fürchterlich, wenn ein Experiment schiefging. Städte wie Sodom und Gomorrha wurden genauso brutal vernichtet wie letztlich die gesamte Menschheit durch eine absichtlich herbeigeführte Flut. Absichtlich? Die Flut kein Naturereignis?

Flutgeschichten sind eine globale Tatsache innerhalb der Religionen und Mythen. Ob in der *Bibel,* im sumerischen *Gilgamesch-Epos,* im *Lied von der Schöpfung,* dem Enuma Elish der Babylonier, im *Buch Mormon,* bei den Kogi in Kolumbien, den Hopi in Arizona, bei den Maya Zentralamerikas oder den Dogon Afrikas – stets warnte ein »Gott« die Menschen vor der Flut. Sie alle wussten von den kommenden Wassermassen, und zwar nicht nur gerade zwei Wochen im Voraus wie bei heutigen Wetterprognosen. Der Zeitpunkt der Flut war viel früher festgelegt, der Countdown lief, und ausnahmslos alle Zöglinge wurden angewiesen, ein bestimmtes wasserdichtes Schiff zu bauen. Logischerweise wirkte keiner der Götter als »Allmächtiger«, keiner schenkte den Menschen einen Kahn. Keiner der »Himmlischen«, der Herniedergestiegenen, verfügte über die Allmacht, sozusagen durch ein Augenzwinkern oder ein Fingerschnippen ein Schiff herbeizaubern zu können. Bei jedem Schiffsbau kam Technologie zum Einsatz. Schiffsbau *ist* Technologie. Und jeder der Pseudogötter bezeichnete die kommende Flut als Strafe. Die damalige menschliche Brut *sollte* vernichtet werden. Offensichtlich lief ein genetisches Programm schief. So zumindest ist es mehrfach überliefert. »Ein großes Verderben wird über die ganze Erde kommen, eine Sintflut …, das ganze Strafgericht wird über die Erde kommen und die Erde von allem Schmutz gereinigt …« (Buch Henoch, Kap. 106, 13 ff.) [20] »… Deswegen bringe ich eine Flut auf die Erde …«

Wie entscheiden die ETs heute? In der Vergangenheit haben sie für uns unübersehbare Zeichen gesetzt. Uns auf die Spurensuche gelockt. Diese Zeichen *sind* da, wer will, *hat* sie erkannt. [21, 22, 23] Angelegt vor Jahrtausenden, doch adressiert an eine technologisch und wissenschaftlich ausgerichtete Gesellschaft der Zukunft, die darüber stolpern *muss.* Abermillionen aufgeklärter Erdbewohner haben's inzwischen begriffen. Und wie geplant ist die Botschaft aus der Vergangenheit prompt aufgegangen. Nur die Wissenschaft, die eigentlich »Wissen schaffen« sollte, wendet sich entrüstet ab. Mit uns doch nicht! Ihre Vertreter möchten nicht zur Kenntnis nehmen, dass sie absichtlich in die Irre geführt wurden. Und hinterher fällt es schwer zuzugeben, als »nützlicher Idiot« missbraucht worden zu sein. In der Psychologie nennt man dies Verdrängung. Und die Medien, stets ihrer angeblichen Seriosität verpflichtet, dürfen nicht objektiv über etwas berichten, das Abermillionen Menschen beschäftigt. Wir haben es zur Zwei-Klassen-Gesellschaft gebracht.

Einem kleinen Kreis der Wissenden steht eine gewaltige Mehrheit von Nichtwissenden und Nichtwissenwollenden gegenüber. Die richtig schöne heile Welt. Wie lange noch?

Ist es für jede intelligente Spezies dort draußen eigentlich zwingend, Raumfahrt zu betreiben? *Müssen* sie es tun, weil die unausrottbare Neugierde es diktiert? Weil sie Rohstoffe brauchen? Weil ihr Heimplanet, ihre Heimatsonne explodiert, verglüht? Weil ihre Galaxie von einem Schwarzen Loch verschlungen wird? Oder mit einer anderen Galaxie zusammenkracht? Das betrifft auch uns. Nach Berechnungen der NASA wird in 30 Millionen Jahren die sogenannte Smith-Wolke mit unserer Milchstraße kollidieren. Es wird ein gigantisches Feuerwerk von vernichteten Himmelskörpern geben – und zwei Millionen neue Sterne werden entstehen. Bei der Smith-Wolke handelt es sich vorwiegend um eine Ansammlung von Wasserstoffgas, zurzeit noch rund 8000 Lichtjahre von der Erde entfernt. Sie bewegt sich aber mit einer Geschwindigkeit von 240 Kilometern pro Sekunde auf uns zu. Wenn unsere Astronomen vorausberechnen können, was in 30 Millionen Jahren geschehen wird, tun das außerirdische Astrophysiker genauso. Auch sie werden wissen, wann es bei ihnen kracht und vorher neue Lebensräume ausloten. Weltraumfahrt ist für jede Gesellschaft ein MUSS. Andere sehen das anders.

In einem längeren Artikel in der Fachzeitschrift *IBIS* meinte der Astronom William Hoesek, ETs würden keine Raumfahrt betreiben. [24] Wie kommt er darauf? Hoesek argumentiert, auf jedem Planeten würden irgendwann die Rohstoffe zur Neige gehen. Die Menschen beispielsweise seien aber so geschaffen, dass sie nicht langfristig planen. Gemeint ist über Jahrhunderte hinaus. Egal ob der Staat oder private Firmen, beide investieren nie über Jahrhunderte hinaus, weil sie für ihre Aktionäre oder die Stimmbürger kurzfristige Resultate brauchen. Würden Menschen ein Weltraumschiff auf die Suche nach Rohstoffen losschicken, so wüssten die Daheimgebliebenen nicht, ob die Mannschaft im Weltraumschiff Erfolg hätte oder mit leeren Händen zurückkäme. Eine Investition von vielleicht einer Billion Schweizer Franken tätigt aber keine menschliche Gesellschaft ins Blaue hinein. Menschen leben nur kurze Zeit und wollen schnelle Resultate sehen. Zudem würde der Bau eines gigantischen Generationenraumschiffs nicht nur Geld verschlingen, sondern auch Rohstoffe. Genau die Materialien, die auf dem Heimatplaneten knapp werden. Logischerweise könnten derart wertvolle Rohstoffe nicht in einem immens teuren Weltraumabenteuer verschleudert werden, dessen Resultat – wenn überhaupt – sich erst nach Jahrhunderten abzeichnet. Dieselbe »irdische« Logik gilt nach Herrn Hoesek auch für extrasolare Zivilisationen. So sind denn die Resultate seiner Analyse ernüchternd:

1) Um Hilfe von einer anderen Zivilisation zu bekommen, müssten wir »die anderen« kennen und mit ihnen zumindest in Radiokontakt stehen.
2) Die Zivilisation auf jenem fernen Planeten müsste uns technisch voraus sein.
3) Jene Zivilisation müsste in der Lage sein, unsere Botschaften zu empfangen und zu verstehen.
4) Sie müsste jene Rohstoffe, die wir suchen, zur Verfügung stellen.
5) Sie müsste willig sein, ihre Technologie und ihre Rohstoffe mit uns zu teilen.
6) Wir müssten fähig sein, ihre Werkzeuge und ihre Anweisungen zu verstehen.
7) Auch die ETs dort draußen wüssten, dass ihre eigenen Rohstoffe irgendwann zur Neige gehen. Deshalb würden sie wohl kaum Rohstoffe an andere Zivilisationen abgeben.

Vom wirtschaftlichen Standpunkt aus mag das alles vernünftig sein – es stimmt trotzdem nicht. Schließlich wird kein gigantisches Generationenraumschiff benötigt, um im Weltall Rohstoffe zu suchen und abzubauen. Man muss nie weit weg. Bei uns wimmelt's von Rohstoffen im Asteroidengürtel zwischen Mars und Jupiter. Auch ferne Sonnen werden von mehr als einem Planeten umkreist, und Meteoriten fliegen überall durchs Universum. Um die geologische Zusammensetzung ferner Planeten zu erfahren, sind auch keine Generationenraumschiffe nötig. Dank der Spektralanalyse schaffen das bereits unsere Superteleskope. Zudem lassen sich ungezählte Messsonden hinausschicken, die ihre Resultate zum Heimatplaneten funken. Darüber hinaus sollte man die irdische Lebensdauer niemals auf fremde Zivilisationen anwenden. Die raumfahrenden ETs werden Mittel zur Lebensverlängerung kennen. Letztlich wird Raumfahrt in interstellaren Distanzen ohnehin nicht mit unseren veralteten Flüssigkeitstriebwerken veranstaltet. In der Zukunft existieren ganz andere Möglichkeiten – und damit andere Zeiten. Dr. Hoeseks Ansichten gehen von falschen Annahmen aus.

In der Vergangenheit ließen die ETs Spuren zurück. Massenhaft. Beschrieben in den alten heiligen Schriften, auch in der Landschaft. Die schnurgeraden Linien, die sich seit Jahrtausenden über die Erde ziehen, wurden von unseren steinzeitlichen Vorfahren nicht aus irgendeiner Laune heraus angelegt. Sie folgten dem Befehl der ETs, ihre Heiligtümer nur an bestimmten Orten zu errichten. [21] Die Steinringe von Stonehenge, England, zeigen nicht zufälligerweise die Distanzen der Planeten unseres Sonnensystems zueinander. Die astronomischen Lehrmeister waren jene »Götter«. Und auch die Menhirkolonnen in der französischen Bretagne, die stets dieselben Distanzen oder exakt die Hälfte davon aufweisen und in denen es von pythagoreischen Dreiecken wimmelt, sind keine Eingebung einer Naturlaune. Unsere Steinzeitheinis erhielten ihre geometrischen Befehle direkt von den ETs. Lange vor Pythagoras.

Und heute? Wir Menschen sollen auf eine friedliche Ankunft der Außerirdischen vorbereitet werden? Wo befinden sich – einmal abgesehen von Fátima, den UFOs, den Filmen, Büchern und TV-Serien – die Zeichen? Sie liegen in der offenen Landschaft, doch unsere blinde Geisteswelt mitsamt den »vernünftigen« Medien hat es mittlerweile fertiggebracht, diese Zeichen lächerlich zu machen. Alles und subito in Misskredit zu bringen.

Kornkreise? Jeder Hanswurst kennt doch die Fälschungen! Schließlich zeigten sich die durchweg irdischen Künstler in Magazinen und im Fernsehen. Mit offenem Visier demonstrierten sie ihre Fähigkeiten, prächtige Bilder in der Landschaft entstehen zu lassen. Was gibt's darüber noch nachzudenken? Weshalb Zeit und Geld aufwenden, nur um simple Fälscher zu bestätigen?

Begonnen hatte der Spuk im australischen Gebiet um Tully in Queensland. Im Herbst 1966 entdeckte der Farmer George Pedley sechs Kreise in einem Kornfeld. Sie wurden als das Produkt von kleinen Windhosen eingestuft. Andere bezeichneten sie als »UFO-Nest«. Danach begann sich das Phänomen wie ein Virus auf verschiedene Länder auszubreiten: Kanada, Italien, Mexiko, die USA und selbstverständlich auf das Land, in dem es immer schon gespukt hatte: auf England. Vernünftige und unvernünftige Theorien machten die Runde. Es handle sich um die Spuren von Windböen, dann um die von rammligen Schweinen oder anderem Getier. Ameisen oder Termiten seien für die Kreise verantwortlich, und überhaupt: Es handle sich um Hagelschäden. Als Nächstes kamen unbekannte Kräftefelder ins Spiel, die unterhalb der Erdoberfläche wirkten. Irgendwo las ich, bestimmte Tiere würden in der Brunst im Kreise rennen, oder die Annahme, das Rätsel sei durch Pilze ganz vernünftig erklärbar.

Dann mussten Heißluftballone herhalten, die an unmöglichen Stellen herniedergegangen seien, und selbstverständlich durften auch die Landeteller von UFOs nicht fehlen. Die nächste Theorie bemühte Sonnenstürme als Lösung oder Blitzeinschläge mit elektrischen Entladungen auf unterirdischen Wasseradern. Auch Maulwürfe oder eine Ansammlung von Würmern wurden herbeigezogen, Hochfrequenzsignale sollten für die Zeichen in den Feldern verantwortlich sein und der Physiker Dr. Terence Maeden (University of Oxford und Dalhousie University, Halifax, Kanada) brachte das Unmögliche mit »atmosphärischer Physik«, »Plasmawirbeln« und »elektromagnetischen Feldern« in Verbindung. [25]

Tiefsinnigen Denkern reichte das alles nicht, denn für jede Erklärung gab es überzeugende Gegenargumente. Hatte der weltberühmte Psychologe Prof. Dr. C. G. Jung nicht über seltsame Lichter und Himmelserscheinungen geschrieben, die als Vorboten einer großen, kollektiven Veränderung des Denkens auftauchen würden? [26] Sogar von »psychischen Kräften« und »Ereignissen, die dem Menschen unverständlich sein würden«? Könnte es also sein, dass die Zeichen »vielleicht der Einbildungskraft Einzelner oder aus der von kollektiven Träumen und Visionen gespeisten Fantasie« entsprangen? [27] Oder erzeugte die Gemeinschaft der Menschen nicht einen »kollektiven, kulturellen Impuls, der genügend Kraft freisetzte, um eine Welle ungewöhnlicher Ereignisse zu verursachen«? [28]

Mit den Jahren verblassten alle noch so vernünftigen, sachlichen Erklärungen, weil die Bodenzeichnungen partout nicht mitspielen wollten. Tauchten die Bilder ursprünglich in Kornfeldern auf, so sprossen sie plötzlich auch in Gersten-, Raps- und sogar Maisfeldern. Ging es anfänglich um simple Kreise, so entstanden immer mehr Ellipsen und wunderbare, teilweise ineinander verschachtelte Kunstwerke. Die Bilder beweisen es. All das passte nicht mehr zu Ameisen, Termiten, Pilzen, Würmern, Windhosen, brünstigen Viechern, Blitzeinschlägen oder Plasmawirbeln. Die Bilder zeigten Intelligenz – also mussten Fälscher her! Irgendwelche Schlaumeier hielten uns alle zum Narren, lachten sich hinsichtlich der menschlichen Fabulierkunst ins Fäustchen. Die Ersten, die sich »outeten«, waren die britischen Pensionäre Doug und Dave. Vor der Kamera versicherten sie, alle Kornkreise gefälscht zu haben, um das Thema der Lächerlichkeit auszusetzen. Bald darauf entpuppte sich ihre Eigenentlarvung als maßloser Bluff. Da entstanden mehrere, gewaltige Gebilde an unterschiedlichen Orten, an denen sich die emsigen Rentner nachweisbar nie aufgehalten hatten. Darunter das Bild vom 8. August 2008 in Milk Hill, Wiltshire. Es bestand aus 44 Kreisen unterschiedlicher Größe, im Zentrum mit zusätzlichen Darstellungen verschachtelt. Oder die geometrische Figur des »Hypercube«, entstanden am 17. Juli 2010 im Fosbury Camp, Wiltshire. Da war kein einziger Kreis vorhanden, sondern es gab nur symmetrische Linien, die sich zu einem wuchtigen Sechseck formten. Im Zentrum der quadratische »Cube« (Würfel). Wenn die rührigen Rentner Doug und Dave nicht haftbar gemacht werden konnten, mussten andere Fälscher her. Irgendwann – ich weiß nicht mehr wann – verkündete ein junger Mann in einer deutschen Fernsehsendung, er und seine Gruppe hätten alle Zeichen gefälscht. Großspurig machte er noch auf ein Detail aufmerksam. Man müsse nur darauf achten: Alle Kreise, Linien etc. würden stets eine Traktorspur oder einen Trampelpfad berühren. Eine glatte Lüge. Hunderte von Kreisen und Linien sind nirgendwo mit einer Spur verbunden, und sei sie auch noch so mickrig. Ein Bild wie die sogenannte »Magnetfeldformation« unweit des Avebury-Steinkreises war derart kompliziert, dass es nicht einmal von einer Kompanie Soldaten über Nacht hätte gefälscht werden können. Am 4. März 2015 tauchte bei Icara, Santa Marta (Brasilien), eine komplizierte Formation in einem Maisfeld auf, am 4. Januar desselben Jahres eine Gruppe ineinandergreifender Kreise bei Guadalajara, Mexiko. Ebenfalls im Maisfeld. Vom Juni bis September weitere, phänomenale Formationen an verschiedenen Orten Italiens oder am 8. Mai 2015 im Distrikt Fangshan bei Peking/China. [29] Sogar das kornkreisfeindliche Deutschland bestaunte am 16. Juli 2015 ein Gebilde im Korn. Dies bei Fürstenfeldbruck in Bayern. Kaum zu fassen: Dieses Bild wurde sogar in den großen deutschen Magazinen *Focus* und *Spiegel* abgedruckt – ohne spöttischen Kommentar!

Inzwischen hat das Rätsel der Kornkreise auf rund 50 Länder übergegriffen. Es müssen wohl weltweit raffinierte Fälscherteams am Werk sein. Logisch – oder werden wir, wie bei den UFOs, gezielt irregeführt?

Die Redakteure der 150-teiligen TV-Serie *Ancient Aliens* (History Channel, USA) wollten es genau wissen. Sie schickten ihren cleveren Kommentator Giorgio Tsoukalos nach England. Er sollte zwei bekannte Fälscher beauftragen, von einem bereits bestehenden Kornkreis eine Kopie herzustellen. Also steckten Russel und John, wie die beiden hießen, ihre Lanzen in den Boden, zeichneten Trampelpfade, spannten Schnüre und ergriffen ihre »Laufstampfer«. So nennt man die schmalen Bretter, mit denen das Getreide niedergedrückt wird. Die Bretter sind an beiden Enden mit einem Seil verknüpft. Dieses Seil wird über die Schultern gezogen, anschließend das Brett ins Getreide gedrückt und am Seil wieder hochgezogen bis zum nächsten Trampelschritt.

Tatsächlich schafften es Russel und John, innerhalb von 210 Minuten eine recht passable Kopie des Originals herzustellen. Drohnen überflogen beide Bilder. Aus der Luft waren nur wenige Abweichungen feststellbar. Doch was ergab die nähere Betrachtung?

Inzwischen hatte sich nämlich ein Team der University of Michigan, USA, darangemacht, das Phänomen wissenschaftlich unter die Lupe zu nehmen. Der Physiker Dr. Eltjo Haselhoff demonstrierte die Unterschiede zwischen »echt« und »falsch« vor der Kamera. Die typischen Anzeichen für einen echten Kornkreis sind folgende: Die Blüten sind nicht beschädigt oder gar abgebrochen – im Gegensatz zu den Fälschungen mit dem »Laufstampfer«. Dasselbe gilt für die Biegungen im Stängel. Bei der »Stampfmethode« sind sie abgebrochen oder zumindest aufgerissen. Nicht so bei den rätselhaften Gebilden, bei denen keine Menschen mitgewirkt hatten. Kurioserweise zeigen diese alle sogenannten Apikal-Knoten eine Verlängerung um 172 Prozent im Vergleich zu den niedergedrückten Stängeln bei den gefälschten Kreisen. Der zweite und dritte Knoten am Stängel ist regelrecht von innen geplatzt. Dies deutet auf eine kurze Energieentladung hin, die im Stängel stattgefunden haben muss. Dr. Haselhoff demonstrierte es vor der Kamera: Aus einem Kornkreis wurden verschiedene Halme entnommen und mikroskopisch untersucht. Die Halme in der Mitte zeigten längere, geplatzte Knoten als diejenigen am äußeren Kreisrand. »Die Unterschiede sind wie zwischen einem Pferd und einem Elefanten«, dozierte der Physiker. [30] Im Zentrum sind die geplatzten Knoten am längsten, nach außen hin werden sie etwas kleiner. Die Ursache der geplatzten Halme ist eine nachweisbare elektromagnetische Energie. Sie ist der Auslöser für das Phänomen. [31] Dazu Giorgio Tsoukalos, der Kommentator der TV-Sendung: »Ich finde es seltsam und entmutigend, dass ein Phänomen wie die Kornkreise von der Wissenschaft nicht eingehend untersucht wird. Die Kreise werden von vornherein als Schwindel abgestempelt, obschon es unleugbare Beweise für ihre Echtheit gibt.«

Recht hat er. Schon 1990 hatte sich in England – wo sonst? – ein Centre for Crop Circle Studies gebildet, um das Rätsel wissenschaftlich blitzsauber zu untersuchen. Im Vorwort zu dem Buch *The Crop Circle Enigma* schrieb der Archäologe Michael Green: »Inzwischen zeigen sich uns die Phänomene in einer erstaunlichen Vielfalt, in gewaltigen Ausmaßen und in einer geradezu furchteinflößenden Schönheit … Verschiedene, seltsame Umstände begleiten das Auftreten der Kreise. Dazu zählen vor allem Hochfrequenzsignale, die bestimmten Gesetzmäßigkeiten zu unterliegen scheinen.« [27] Und Prof. Dr. Archie Roy, Ehrenmitglied des Institutes für Physik und Astronomie der Universität Glasgow und einiger anderer astronomischer Institute, sprach von einem »ungeheuren Rätsel«, vor dem die Physik stehe. Der alte Herr kannte die Entwicklungen in der Wissenschaft. Zitat: »Die ganze Geschichte der wissenschaftlichen Entdeckungen besteht doch darin, dass der Außenseiter von der sogenannten Fachwelt für verrückt erklärt wird – um schließlich nach aller Verachtung zu triumphieren und zum Genie erkoren zu werden.« [27]

In der TV-Sendung *Ancient Aliens* wurden auch unwiderlegbare Filmausschnitte gezeigt, die regelrecht schockierten. Der Betrachter sah weiße Kreise oder Kugeln, die über einem Feld durch die Luft schwebten. Unter anderem über einem Feldweg und einem fahrenden Traktor. Unter der leuchtenden Kugel entstand innerhalb von Sekunden ein fantastisches Bild. Wie auf Kommando legten sich die Halme nieder, formten sich zu einem wunderbaren und komplizierten Kunstwerk. Das britische Centre for Crop Circle Studies hat derartige Filme inzwischen veröffentlicht und lässt die Augenzeugen zu Wort kommen. [27] So entstanden unweit der Steinzeitanlage von Stonehenge innerhalb von 16 Minuten 145 Kreise. Und neuerdings entdeckte man in den kuriosen Formationen mikroskopisch kleine, perfekt geformte Kügelchen aus einem geschmolzenen Material. Die ersten Objekte dieser Art tauchten zufällig auf dem Areal der Martinson-Farm in Midala (Bundesstaat Saskatchewan, Kanada) auf, nachdem dort die Erde durchgesiebt worden war. Inzwischen bleiben sie auch an anderen Fundstellen im Sieb hängen.

Ralph Noyes, ein Ex-Beamter des britischen Luftfahrtministeriums und späterer Unterstaatssekretär, stellte bei diesem Rätsel der Bilder – von Kornkreisen kann man nicht mehr sprechen – eine *Entwicklung* fest. [27] Die Darstellungen werden immer größer, vielfältiger und komplizierter. Ging es in den 1970er- und 1980er-Jahren noch um Kreise mit einem Durchmesser von zehn bis 20 Metern, erreichen die Formationen heute Hunderte von Metern und bestehen oft aus über 100 Einzelteilen, die sich zu einem erschreckend schönen »Piktogramm« zusammenfügen. Fälscher, und wären sie noch so raffiniert, könnten längst nicht mehr mithalten. Auch keine Kompanie Soldaten der britischen Armee. Geländepunkte, an denen in den Vorjahren Bilder auftauchten, werden mit automatischen Kameras überwacht. Freiwillige Gruppen unterstützen die nächtlichen Kontrollen. Die Schlaumeier sind weg von der Bühne, auch wenn es noch vereinzelte Irrläufer geben mag. Allerdings werden die Forscher mit einer wissenschaftlichen Ausbildung immer ratloser, suchen nach einem gemeinsamen Hintergrund. John Mitchell: »Der Eindruck wächst, dass auf irgendetwas gezielt hingewiesen wird.« [27] Nur auf was? Was bezwecken die »Kreismacher« eigentlich? Der Magister in Naturwissenschaften und Ex-Astronom am Royal Greenwich Observatory, George Wingfield, versichert, wir hätten es mit irgendeiner Art *nicht-menschlicher Intelligenz* zu tun. »Die Botschaften sprechen von der Erweiterung des

Bild 2 (rechts): Badbury Rings, nahe Wimborne Minster, Dorset, Großbritannien, 17. Juni 2014

Bild 3 (oben): Windmill Hill, nahe Avebury, Wiltshire, Großbritannien, 26. Juli 2011

Bild 4 (rechts): Cheesefoot Head, nahe Winchester, Hampshire, Großbritannien, 9. August 2012

Bild 5: Roundway Hill, nahe Devizes, Wiltshire, Großbritannien, 25. Juli 2010

Bild 6: White Sheet Hill, nahe Mere, Wiltshire, Großbritannien, 25. Juni 2010

Bild 7: Chipping, Haselor, Warwickshire, Großbritannien, 20. Juli 2015

Bild 8 (oben): Smeathes Plantation, nahe Ogbourne, Down Gallop, Wiltshire, Großbritannien, 24. Juli 2009

Bild 9 (rechts): Milk Hill, Alton Barnes, Wiltshire, Großbritannien, 21. Juni 2009

Bild 10: Avebury Trusloe, Großbritannien, 22. Juli 2000

menschlichen Bewusstseins.« [27] Zur gleichen Meinung kommt der Archäologe Michael Green: »Ich gehe von der Überzeugung aus, dass die Ursache intelligenter Natur ist, und dass sie ihre Ideen planmäßig nach und nach zum Ausdruck bringt.« [27] Inzwischen veröffentlichte der Engländer Terry Wilson eine bemerkenswerte Geschichte über die »Kornkreise«. Mit exakten Daten und Orten wird das Phänomen weltweit belegt und auch gezeigt, dass seltsame Formationen bereits im 16. und 17. Jahrhundert bezeugt wurden. [32]

W-e-r soll diese Intelligenz sein? Verfügt denn jene »unbekannte Macht« über keine andere Möglichkeit, als sich mit Bildern in den Feldern bemerkbar zu machen? Warum nicht eine direkte Kommunikation über unsere Medien? Weshalb keine schaurig-schönen Bilder am Nachthimmel? Oder Bildstörungen im Fernsehen, aus denen sich langsam ein Piktogramm schält? Gegenfrage: Weshalb zeigen sich UFOs nicht über einem ausverkauften Fußballstadion, obschon die technischen Möglichkeiten dazu vorhanden wären?

Ich vermute, alles wäre möglich, aber »die anderen« wollen es vorerst so. Die Menschen sollen staunen und reden, schreiben und staunen. Langsam soll uns die andere Dimension bewusst werden. Ohne Überfall, ohne Gewalt, ohne Diktatur, doch sichtbar für jedermann. Wobei anderen Forschern (und auch mir) aufgefallen ist, dass viele der grandiosen Formationen unweit von steinzeitlichen Anlagen aus dem Boden wachsen. Etwa in der Nähe von Stonehenge oder dem Avebury-Ring, beim Silbury Hill oder dem »Weißen Pferd von Uffington«, alle in England. (Ich hörte, das Gleiche sei bei den Piktogrammen in Australien und Mexiko der Fall. Und in den USA entstehen die Bilder in der Nähe von indianischen Grabhügeln.) Was hat die Vergangenheit damit zu tun?

Unsere Frühgeschichte ist geheimnisvoller als das, was wir einst in der Schule lernten. Dort hieß es, unsere Vorfahren, eben erst dem Affensein entkommen, hätten in Höhlen vegetiert, sich die Läuse aus dem Pelz geklaubt, von Zeit zu Zeit ein Mammut und andere Tiere gejagt und ansonsten Beeren und Wurzeln gekaut. Mag sein. Doch eine andere Gruppe von Steinzeitfamilien verhielt sich hoch intellektuell. Ihre astronomischen und geometrischen Leistungen beweisen es. Zudem dürfen unsere fleißigen Archäologen die steinzeitlichen Wunderwerke immer weiter in die Vergangenheit versetzen. Die bisherigen Datierungen stimmen nicht mehr.

Vor 18 400 Jahren lag der Spiegel des Mittelmeeres 35 Meter tiefer als heute. Bewiesen durch ein Höhlensystem mit bemalten Wänden, das 35 Meter unter Wasser liegt. Es befindet sich bei Cap Morgiou (östlich von Marseille, Frankreich). In allen Weltmeeren wurden inzwischen Ruinen unter Wasser entdeckt. [21] Der Meeresspiegel ist gestiegen. Weltweit. Glaubten wir einst, die erste Bauetappe des Steinkreises von Stonehenge, England, liege um 2800 v. Chr., so hat sich die Anlage inzwischen als (mindestens) 2000 Jahre älter erwiesen. Die Große Pyramide in Ägypten soll der erste geplante Hochbau der Antike sein, hieß es ehemals. Erschaffen um 2500 v. Chr. Doch die kreisrunden Anlagen von Göbekli Tepe in der Türkei sind 8000 Jahre älter. [33] Die rund 400 Felsmalereien in den Chauvet-Höhlen bei Vallon-Pont-d'Arc, Frankreich wurden nach ihrer Entdeckung auf etwa 20 000 v. Chr. datiert. Neueste C14-Analysen ergeben ein definitives Alter von 37 000 Jahren. Und selbst in Deutschland, das wegen seiner jüngeren Geschichte alles vermeiden möchte, was mit Nationalismus zu tun hat, tauchen immer mehr vorgeschichtliche Rätsel auf, die allesamt etwas mit dem Sternenhimmel zu tun haben. Vor 7000 Jahren existierten im heutigen Niederbayern mehrere kreisrunde Anlagen mit Durchmessern von 50 bis 180 Metern. Ausnahmslos astronomisch ausgerichtet. Oft liegen mehrere dieser Stein- oder Holzringe wie Perlen an einer Schnur aufgereiht. Dasselbe gilt für Niederösterreich, Polen und Ungarn. [34, 35] Der Palisadenkreis von Goseck in Sachsen-Anhalt, Deutschland, hat einen Umfang von 75 Metern und ist wie alle anderen ein sogenannter »Sonnentempel«. Er ist also astronomisch genutzt worden. Alter: mindestens 5000 v. Chr. [36] Bei Künzing in Bayern rammten die »Steinzeitheinis« gleich 2000 Eichenstämme in den Boden. Dasselbe gilt für unzählige Dolmen und Menhire.

Die Astronomie spielte die Hauptrolle in den Köpfen der Steinzeitler. Und wir Gegenwartsmenschen haben nur oberschlaue Antworten in Bezug auf die Frage nach dem Warum. Es handle sich um »Lichtzeigerinstrumente«, um »Sportplätze«, um »geheime Orte für männliche Rituale« bis hin zur einfältigsten aller Antworten: Es seien Kalender gewesen. [37] Die steinzeitlichen Anlagen beweisen die Intelligenz ihrer Planer. Diese cleveren Baumeister werden auch in der Natur gemerkt haben, wann der Frühling kommt, wann die ersten Insekten auftauchen, wann die Knospen blühen oder wann im Herbst die Früchte reif sind. Ein kleiner Strich an ihrer Höhlenwand reichte aus, um zu registrieren, wann die Sonne immer später oder früher aufstand. Ein Holzstab im Boden genügte, um festzustellen, wann der Schatten am längsten und wann er am kürzesten war. Für die Feststellung der Tagundnachtgleiche bedurfte es keiner gigantischen Kalenderanlagen. Das Heraushauen, das Herumziehen und das Abschleifen/Bearbeiten von tonnenschweren Monolithen zum Bau eines Kalenders war so überflüssig wie ein Kropf. Zudem hätte ein hohepriesterlicher Befehl nach dem Motto »Es ist Frühling, die Saat muss in den Boden!«, gar nichts genutzt, wenn der Winter im betreffenden Jahr länger als üblich dauerte und es Mitte April erneut schneite. Es wird Zeit, uns etwas Gescheiteres als die ewige Kalenderversion einfallen zu lassen.

Unsere Vorfahren betrieben ihren Himmelskult aus einem einzigen Grund: wegen der Götter. Die waren nun mal vom Firmament gestiegen, ihre Lichter bewegten sich am nächtlichen Himmel, ihre Jünger hatten die Menschen in diversen Wissensgebieten unterrichtet. Unsere Steinzeitkünstler *sollten* astronomisch ausgerichtete Bauten erstellen. Die Nachfahren – wir! – müssten es merken, stutzig werden und nach den Ursachen fragen. Genau das geschieht jetzt. Wir *können* nicht anders, denn die Bestie in unseren Köpfen, die für Unruhe sorgt, trägt einen Namen: Neugierde. Keine Intelligenz des Universums kann etwas gegen die Neugierde tun – sonst wäre sie keine Intelligenz. Eben. Wer also sind diese Wesen, die in UFOs herumrasen, die prächtige Kunstwerke im Gelände entstehen lassen? Die uns offensichtlich jederzeit vernichten könnten, es in der Vergangenheit auch taten, aber dem heutigen Irrsinn auf dem Planeten Erde ziemlich ungerührt zuschauen? Wer sind diese Typen, die uns vor Jahrtausenden manipulierten und die uns auch heute überlegene Technologien demonstrieren, etwa indem sie mit Atomsprengköpfen bestückte Interkontinentalraketen ganz einfach lahmlegen? So geschehen am 24. März 1967 auf dem Gelände der Oscar Flight Launch Control Facility im US-Bundesstaat Montana. [38] Keine der dort stationierten Raketen konnte mehr startklar gemacht werden. Und dies, obschon jedes Abschuss-Silo über einen Kilometer vom nächsten entfernt lag, und jedes Silo über eine unabhängige Stromzufuhr verfügte. Wer spielt mit uns? Weshalb müssen wir uns dies gefallen lassen? Bewegen sich ETs tatsächlich auf der und um die Erde? Wieso können die mit uns machen, was sie wollen – tun es aber offensichtlich nicht?

Kapitel 3

Wer sind die? Wer sind wir?

Woher kommt das Leben auf unserem Planeten? In meiner Gymnasialzeit begriff ich es. Leben entstand in der sogenannten »Ursuppe«. Bewiesen wurde das durch die berühmten Experimente von Stanley Miller (1930–2007) und Harold Urey (1893–1981). Miller, 1953 noch Student an der University of California in Berkeley, startete ein Experiment, zu dem er eigentlich von seinem Professor Harold Urey angeregt worden war. Miller und Urey infizierten eine keimfreie Glaskugel mit Methan, Wasserdampf, Ammoniak, Kohlendioxid und diversen Mineralien, wie sie vor Jahrmilliarden auf der Erde existierten. Elektrische Blitze wurden in die Versuchsanordnung geschossen, und schon nach einer Woche zeigten sich erste Resultate. Es entstanden organische Verbindungen und sogar Aminosäuren. Alles Bausteine des Lebens. [39] Für den Zeitraum, in dem sich aus der Ursuppe auf der Erde eine Nährlösung für primitives Leben bildete, setzte die Wissenschaft rund 1,2 Milliarden Jahre an. Ein paar Millionen Jahre rauf oder runter spielen keine Rolle. Die Miller-Experimente wurden später mehrfach unter anderen Bedingungen wiederholt. Mit unterschiedlichen Resultaten. Seit Stanley Miller wird allgemein angenommen, das Leben sei von selbst entstanden. Dies umso mehr, als Stanley Miller Schützenhilfe von hervorragenden Denkern der Geisteswissenschaften und Naturwissenschaften erhielt. Der Chemiker Jacques Monod, ehemals Leiter der zellbiologischen Forschung am Pariser Pasteur-Institut, schrieb: »Der alte Bund ist zerbrochen; der Mensch weiß endlich, dass er in der teilnahmslosen Unermesslichkeit des Universums allein ist, aus dem er zufällig hervortrat.« [40] Und Prof. Dr. Manfred Eigen, genauso Nobelpreisträger wie sein französischer Kollege Jacques Monod, prophezeite schon 1975: »Es wird möglich sein, jedes Lebewesen aus seinem natürlichen Erbmaterial künstlich, das bedeutet auf einem anderen als dem natürlichen Weg, zu reproduzieren.« [41] Recht hatte er. Heute werden Lebensformen auf einem »nicht-natürlichen-Weg« erschaffen. Allerdings aus dem natürlichen Erbmaterial. Noch weiter geht der Physiker Jeremy England. Er ist überzeugt, jede Gruppe von Atomen würde sich ohne äußeren Anlass – also ohne Blitze oder elektromagnetische Wellen – selbst organisieren. Damit wäre das Leben eine logische Folge physikalischer Gesetze. Der Zufall wäre aus dem Spiel und eigentlich müsste es von Leben im Universum nur so wimmeln. Denn jede Materie besteht aus »Atomgruppen« – und die organisieren sich nach Jeremy England von selbst. Doch der faszinierende Gedanke widerspricht Jacques Monod. Der postulierte schließlich, der Mensch sei in der »Unermesslichkeit des Universums, aus der er zufällig hervortrat, *allein.*«

Alles in allem wurde damit ein Bild entworfen, das die meisten Wissenschaftler zufriedenstellte. Es ist die gegenwärtige Lehrmeinung, millionenfach multipliziert und zementiert in allen Lehrbüchern. Dabei ist unbestritten: Atome verbinden sich, und so entstehen Moleküle. Doch Molekülansammlungen sind kein Leben, das sich vermehrt. In der langen Kette der chemischen Evolution ist die Zelle die erste, einfachste Lebensform. Bis sie entsteht, müssen diese Zutaten vorhanden sein: Aminosäuren, Nukleinsäuren (bilden sich aus Ketten von Nukleotiden), die Grundbausteine Adenin, Guanin, Cytosin, Thymin. Daraus formieren sich die berühmten Doppelstränge (Doppelhelix) der DNS (Desoxyribonukleinsäure) etc. (Ich möchte hier kein Kapitel über die chemischen Bausteine schreiben und meine Leser damit langweilen.)

Tatsache bleibt, dass sich in der ersten Zelle, die irgendwo in der Ursuppe entstand, die komplizierten Molekülketten in der *richtigen, zusammenpassenden Weise* aneinanderbinden mussten. Aber durch irgendwelche Ansammlungen von Molekülen, die zufälligerweise aneinanderklebten, entstand immer noch keine Zelle. Es hilft auch nichts, die magnetischen Wechselwirkungen, wie sie nun einmal auf der Erde existieren, dafür verantwortlich zu machen. Ein Schloss, das aufgeschlossen werden soll, ist ohne Schlüssel wertlos. Letzterer muss vorhanden sein und ins Schloss passen. In der Doppelhelix (DNS) passen nur bestimmte Basen in die Reihenfolge. Andere Grundbausteine *können* gar nicht andocken. Damit taucht die Frage auf: Weshalb funktioniert das nur so und nicht anders? Steckt von Anfang an ein Programm hinter der DNS oder den unzähligen anderen Bausteinen des Lebens? Ganz eindeutigerweise *können* sie sich nur in einer festgelegten Weise verbinden. Festgelegt durch was oder vielleicht wen? Existiert so etwas wie »der Geist in der Materie«, wie es der Physiker Jean Charon formulierte? [42] Geschieht das, was sich auf unserer Erde abspielte, genauso auf anderen, *erdähnlichen* Planeten? Läuft auf jupiterähnlichen Planeten ein verändertes Programm ab, das wiederum nur dort funktioniert?

Die *chemische Evolution,* wie ich sie gerade streifte, ist ein fester Bestandteil unseres naturwissenschaftlichen Denkens. Doch Wissenschaft ist etwas Lebendiges. Andere Betrachtungsweisen als das gerade herrschende Diktat zwingen zu neuen Fragen. Und tatsächlich schweben verschiedene Wolken am Horizont.

Die Zweifel begannen schon vor 44 Jahren. Da fragte sich der Mathematiker James Coppedge, wie hoch eigentlich die Wahrscheinlichkeit dafür sei, dass die Molekülketten an der richtigen Stelle andockten. Schließlich ging in der Ursuppe nichts ordnungsgemäß oder gar friedvoll zu. Da zischte, brannte, kochte es. Toxische Dämpfe lösten alles wieder auf, was sich gefunden haben mochte. Mister Coppedge machte folgendes Spiel: Unser Alphabet besteht aus 26 Buchstaben. Schreibt man die auf kleine Kärtchen, gibt sie in eine Trommel, mischt sie durcheinander, dann läge die Chance, das A herauszuangeln, bei 1:26. Das Wort EVOLUTION besteht aus neun Buchstaben in einer definierten Reihenfolge. Die Wahrscheinlichkeit, diese neun Buchstaben in der richtigen Reihenfolge aus der Trommel zu fischen, läge bei

1:5 429 503 678 976

Mister Coppedge trieb das Spiel auf die Spitze. Er nahm die drei Worte EVOLUTION IST UNMÖGLICH zum Gegenstand seiner Rechnerei. Die Worte bestehen aus 21 Buchstaben und zwei weißen Feldern (Leerzeichen) zwischen den Worten. Die Chance, die richtigen Buchstaben in der exakten Reihenfolge aus der Trommel zu ziehen, liegt bei

1:8 433 900 000 000 000 000 000 000 000 000

Jetzt schlug Mister Coppedge eine Maschine vor, die innerhalb jeder Sekunde eine Billion Buchstaben aus der Trommel holen könnte. Um die Worte EVOLUTION IST UNMÖGLICH zusammenzusetzen, müsste die utopische Apparatur

26 000 000 000 000 000 000

Jahre lang vor sich hinrasen. [43]

Das sei alles unsinnig, antworteten die Kritiker. Die chemische Evolution verlaufe nicht nach einem Zufallsprinzip, sondern in *zwingenden* Formen. Jacques Monods *Zufall und Notwendigkeit.* [40] In der Ursuppe würden Millionen von Molekülen durcheinanderwirbeln und sich exakt dort, wo Schloss und Schlüssel ineinanderpassen, finden *müssen.* Dies geschieht, nach Meinung des Nobelpreisträgers Jacques Monod, notwendigerweise. Heute sagt man dazu: alternativlos. Doch die dauernde Formation von Aminosäuren zu Peptiden und schließlich zu Proteinen widerspricht gleich zwei handfesten Gesetzen der Physik: dem Massenwirkungsgesetz und den Gesetzen der Entropie. Ungeheure Wassermengen standen gegen mikroskopische Teilchen der Aminosäuren. Hier sollte nicht vergessen werden: Aminosäuren sind keine lebenden Dinger – sie können sich nicht vermehren wie etwa die Zelle. Jetzt besteht die kleinste »lebende« Einheit aus mindestens 239 Proteinmolekülen. Ein Proteinmolekül setzt sich aber bereits aus 20 verschiedenen Aminosäuren zusammen. Um die verwirrende Thematik zu beenden: Die »Ursuppe«, die »Uratmosphäre«, in der dieses chemische Spiel ablief, hat mit unserer Atmosphäre, die wir heute atmen, rein gar nichts zu tun. Jene Ursuppe bestand vorwiegend aus Methan (etwa Grubengas) und Ammoniak. Sauerstoff hätte in dieser Atmosphäre wie Gift gewirkt. Wären die ersten

Zellen in einer Methan-Ammoniak-Atmosphäre entstanden, hätte sie hinzutretender Sauerstoff sofort wieder umgebracht. Zudem sind alle Reaktionen, die zur Bildung von Eiweißen (Proteinen) führen, reversibel (umkehrbar). Chemikalien, die sich zufälligerweise bilden, können sich genauso schnell wieder auflösen. Es ist vorgeschlagen worden, die Proteine hätten sich nicht im Durcheinander der Ursuppe gebildet, sondern an Kraterrändern. Dort war es heiß: Die Proteine (Eiweiße) wären zerstört worden.

Die Fachdiskussion über die chemische Evolution tobt unvermindert. [44, 45, 46] Ich habe die Widersprüche gerade einmal angeschnitten. 1973 veröffentlichten Francis Crick und Leslie Orgel – beide Mitentdecker der Doppelhelix DNS – in der wissenschaftlichen Zeitschrift *Icarus* einen explosiven Artikel: »Directed Panspermia«. [47] Darin postulierten sie, eine fremde, unbekannte Intelligenz habe dafür gesorgt, dass das Leben im Weltall überall nach demselben Bauplan entstehen sollte. Die Fremden hätten ein Raumschiff mit verschiedenen Mikroorganismen ausgesandt. Wörtlich:

»Eine Nutzlast von 1000 Kilo könnte 100 Proben mit ihrer Nährlösung transportieren, wobei jede Probe 10^{15} Mikroorganismen enthalten würde. Es wäre nicht einmal notwendig, dieses Raumschiff auf extreme Beschleunigung zu bringen, denn die Ankunftszeit ist unwesentlich. Der Radius unserer Galaxie beträgt etwa 10^5 Lichtjahre. Also könnte man innerhalb von 10^8 Jahren viele Planeten dieser Galaxie infizieren, auch wenn sich das Raumschiff nur mit einem Tausendstel der Lichtgeschwindigkeit bewegen würde. In einem Umkreis von 100 Lichtjahren liegen mehrere Tausend Sterne, und diese könnten in etwa einer Million Jahren Raumschiffszeit infiziert werden.« [47]

Damit verschieben Crick und Orgel die Lebensentstehung auf eine ferne Welt. Dort mussten schließlich dieselben Probleme überwunden werden wie bei uns. Diese Schwierigkeit beschäftigte den schwedischen Physiker und Nobelpreisträger Svante Arrhenius (1859–1927) schon vor über 80 Jahren. Irgendwo, so schrieb er, müsse das Leben ja begonnen haben, und er postulierte, das Leben sei ewig und damit stelle sich die Frage nach dem Ursprung nicht. [48] Selbstverständlich habe auch eine Kreislinie irgendwo einen Anfang, doch sobald sie geschlossen sei, stelle sich die Frage nach ihrem Anfang nicht mehr. Sie ließe sich nicht mehr beantworten. Hinter den Anfang müsse man eine Art von »Schöpfung« stellen oder das, was die Religionen als »Gott« bezeichnen.

Wieso kann der Anfang des Kreises nicht die Erde gewesen sein? Weil es *zeitlich* nie und nimmer aufgeht. Dies belegten die Astrophysiker Sir Fred Hoyle, das Mathematikgenie Chandra Wickramasinghe und der Nobelpreisträger Francis Crick eindeutig. Ihre Werke strotzen von mathematischen Gleichungen, die alle zum selben Resultat führen: Das Leben entstand nicht auf der Erde, weil *die Zeit* für seine Entwicklung mit den milliardenfachen Zufällen zur Entstehung der Molekülketten nirgendwo reichte. [49, 50, 51, 52]

Im Sommer 1980 befasste sich ein wissenschaftlicher Kongress an der Hebräischen Universität Jerusalem mit der Frage: Kam Adam aus dem All? [53] Dazu Professor Dr. Wolmann: »Aus chemischen Analysen wissen wir, dass die Grundbausteine des Lebens chemische Verbindungen mit Monstermolekülen sind. Jedes dieser Moleküle besteht aus mehreren Hunderttausend bis Millionen von Atomen. Diese chemischen Stoffe nennen wir Polymere … Wir vermuten, dass die Grundstoffe, aus denen die Natur die ersten Polymere schuf, nicht von der Erde, sondern aus dem Weltall kamen.«

Eigentlich sollten diese Argumente reichen: Das Leben entstand nicht bei uns. Ein kompetenter Kronzeuge fehlt noch:

Prof. Dr. Bruno Vollmert (1920–2002). Vollmert war Professor für molekulare Chemie an der Uni Karlsruhe. Intensiv befasste er sich sowohl mit der chemischen als auch der Darwinschen Evolution. Am Ende seiner langjährigen Forschungen gestand er: »Dass die DNS und damit Leben nicht von selbst entstehen konnte …, wenn andererseits Leben aber unübersehbar da ist, sodass auch DNS-Kettenstücke (Gene) jederzeit im Laboratorium analysiert und nachgebaut werden können, muss es entweder immer da gewesen sein (was nicht zutrifft), oder es verdankt sein Dasein einer intelligent-zielbewussten Planung. [Es] ist das Ergebnis einer geplanten Konstruktion …« Vollmert zeigte Zivilcourage. Seinen Kollegen warf er »ideologische Motive« vor und erschlug sie mit präzisen Berechnungen: »Die Wahrscheinlichkeit für die Realisierung einer von zehn vorsichtshalber angenommenen Zwischenstufen der DNS-Wachstumskurve durch statistische Copolymerisation auf dem Wege zu einer neuen Klasse von Lebewesen ist 1:10 hoch 4000. Die einzig ehrliche Interpretation dieser Wahrscheinlichkeit ist: Die Lehre Darwins von der Entstehung der Arten und des Lebens überhaupt durch Mutation und Selektion war und ist ein großer Irrtum.« [54]

Chandra Wickramasinghe, Inhaber gleich mehrerer Doktortitel, ist heute Direktor des Buckingham Centre for Astrobiology der Universität Buckingham, England. Er gilt als mathematisches Genie und erhielt weltweit große Ehrungen im Bereich der Mathematik. Während eines Kongresses im Frühling 2015 in der Stadthalle Sindelfingen analysierte er vor 3000 Zuhörern die Unmöglichkeit der chemischen Evolution. [55] Mir persönlich erklärte er beim Abendessen: »Die Geschichte mit der Ursuppe können Sie ein für alle Mal vergessen. Sie war gut gedacht – ist aber ein einziger Unsinn.«

Bei dieser Anhäufung von gelehrten Aussagen, allesamt gemacht von Top-Wissenschaftlern, muss man sich fragen: Weshalb gilt immer noch die alte Lehrmeinung? Weshalb werden den Schülern an Gymnasien und Hochschulen nicht die beiden unterschiedlichen Auffassungen vorgetragen? Das Motiv ist das ewig Gleiche: Ideologie. Für die eine Gruppe darf es weder Gott noch Außerirdische geben. In ihren Augen sind wir Menschen die Einzigen im Universum. Den Gläubigen aller Religionen wurde beigebracht, wir seien die Krone der Schöpfung. Den Wissenschaftsstudenten wurde beigebracht, wir seien die Spitze der Evolution. In beiden Fällen, ob Religion oder Wissenschaft, gilt nur eine Erkenntnis: Wir sind die Größten. Ein Wesen wie Gott wurde ohnehin schon lange abgeschafft. Es passte nie zur Großspurigkeit des Menschen.

Die chemische Evolution fand nicht auf der Erde statt. Punkt. Die Lebensbausteine kamen von außen. Von wem wurden sie losgeschickt? Sind jene sagenhaften »Urväter« dieselben, die vor Jahrtausenden die Erde besuchten? Oder die Nachfahren jener »Urväter«? Dieselben, die sich in UFOs zeigen? Die vereinzelt Menschen entführen und in den Korn- und Weizenfeldern phänomenale Bilder entstehen lassen? Und wenn sie es sind: Was soll das alles? Was haben sie davon? Und wie verhält es sich mit der Darwinschen Evolution? Darwins Evolutionstheorie ist das Credo der Anthropologie. In wissenschaftlichen Kreisen ist es geradezu ein Sakrileg, nicht daran zu glauben. Jeder Zweifler an Darwins Lehre gilt als ignoranter Langweiler, mit dem nicht gesprochen werden muss. Dabei vergeht kaum ein Jahr, in dem nicht bei einer Pressekonferenz ein noch neuerer Fund in Bezug auf das menschliche Geschlecht bekannt gegeben wird. Das jeweilige Fossil gilt dann wieder als allerneuester Vormensch – bis zum nächsten Ereignis dieser Art.

Alle Lebensformen bilden sich aus Genen. Was ist das eigentlich, so ein Gen? Professor Dr. Beda Stadler, Genetiker an der Universität Bern, formulierte es verständlich: »Als Gene kann man genau definierte DNS-Abschnitte bezeichnen, die den Bauplan für RNA-Moleküle darstellen, aus denen dann Eiweiße entstehen … Alle Gene zusammen nennt man das Genom … Bei höheren Lebewesen liegt das Genom in mehreren Fäden vor, die jeweils separat abgepackt als Chromosomen bezeichnet werden. Alle Chromosomen zusammen sind wiederum im Zellkern verpackt. Beim Menschen besteht der gesamte Chromosomensatz in jeder kernhaltigen Zelle aus 46 Chromosomen, wobei jeweils 23 von der Mutter und 23 vom Vater stammen.« [56] Verstanden?

Der »genetische Code« ist der Schlüssel zu jeder Lebensform. Wer diesen Code kennt, kann beliebig an jedem Lebewesen herummanipulieren, indem er die Basenreihenfolgen in der DNS-Spirale abändert. Das Ganze begann 1973, als es den Biologen Stanley Cohen und Herbert Boyer zum ersten Mal gelang, ein fremdes Gen in ein Bakterium zu verpflanzen. Heute geschieht dies tagtäglich. Jeder Genetiker weiß, wie es funktioniert. Zu Zeiten der Großväter wurde noch »gepfropft«. Bestimmte Merkmale einer Pflanze wurden auf eine andere Pflanze übertragen. Derartige Vorgänge gehörten zum Alltag des Biologen und niemand regte sich darüber auf. Bei der Genetik ist das Vorgehen anders: Der Kern einer Zelle wird herausgeschält, am DNS-Strang (der Doppelhelix) werden die chemischen Bausteine an andere Stellen des Stranges verschoben und wieder in die Zelle zurückgeführt. Vorher muss der Genetiker allerdings wissen, *wo er was* verändern möchte und welches Resultat erzielt werden soll. Auch kann der Zellkern entfernt und in die Zelle eines anderen Lebewesens gepflanzt werden. Man nennt das Verfahren »Cloning«, und dabei geht es immer nur um die Zellen *derselben* Tierart. So entstand 1997 das Schaf Dolly, eine 100-prozentige Kopie des Spendertieres. Dolly hat längst gesunde Nachfahren geboren. Dann, im Frühling 2008, gestattete die britische Regierung die Erschaffung von Mischwesen, sogenannten Chimären. Dabei werden die Zellen von *unterschiedlichen* Lebewesen (beispielsweise Mensch und Kuh) entkernt, und der menschliche Zellkern in die leere Zelle der Kuh gespritzt. Ein kurzer elektrischer Impuls regt die Zelle zur Teilung an und die Rinderzelle vermehrt sich mit den Erbinformationen des Menschen. Verrückt? Die Natur praktiziert dasselbe seit Jahrmillionen. Ohne Eingriff des Menschen. Ein sogenanntes Retrovirus wie etwa das AIDS-Virus bohrt sich in eine Zelle, kopiert ihre eigene Erbinformation und vermehrt sich. Der australische Genetiker Andrew Pask von der Universität Melbourne verpflanzte das Erbgut eines Tasmanischen Tigers in ein Mäuseembryo und brachte die Zellen zur Vermehrung. [57] Ähnliche Versuche laufen weltweit. Es geht um genetische Veränderungen, vordergründig um die »Verbesserung des Menschen«. Defekte wie Alzheimer oder Multiple Sklerose sollen durch dieses »therapeutische Klonen« ausgemerzt werden.

Schon 1987 hatten japanische Genetiker einen sogenannten »Super-Sequenzer« entwickelt, der täglich eine Million »Buchstaben« der DNS entzifferte. Das war gerade der Anfang. Der US-Genetiker Craig Venter wollte den »gläsernen Menschen«, also das gesamte Erbgut des Menschen offenlegen. Das ist ihm inzwischen gelungen – mit einigen Komplikationen. Als neuesten Paukenschlag verkündete Craig Venter, sein wissenschaftliches Team habe eine Miniaturlebensform entwickelt. Ein lebendes »Ding« also. Hergestellt vom Menschen. Unheimlich! Die Lebensform besteht aus 531 560 DNS-Buchstaben und trägt die Bezeichnung »Syn 3.0«. Obschon das synthetische Ding lebt, weiß auch Craig Venter nicht, weshalb das so ist. [58] Über 480 Gene wurden eingebaut, andere entfernt.

Noch bis vor wenigen Monaten (ich schreibe diese Sätze im Sommer 2016) galten derartige künstliche Veränderungen am menschlichen Genom als ein reichlich komplizierter Laborakt. Der Austausch einzelner Gene konnte monatelang dauern und war zudem sehr teuer. Inzwischen ist alles einfach. Kathy Niakan, Genetikerin am Londoner Francis-Crick-Institut, und die französischen Mikrobiologinnen Emmanuelle Charpentier und Jennifer Doudna entwickelten eine neue Methode, das Erbgut zielgenau zu verändern. Man nennt das Verfahren CRISPR-CAS9-Technik. Dabei wird eine regelrechte molekulare Schere aus dem Protein CAS9 eingesetzt, die, ähnlich einem Virus, den DNS-Strang exakt an der gewünschten Stelle durchschneidet. [59] Ein chirurgischer Eingriff am Genom. Das »Genome Editing«. »CRISPR funktioniert kinderleicht«, zitierte *Der Spiegel* den deutschen Genetiker Rudolf Jaenisch. [60]

Politisch motivierte Schlaumeier, die keine Ahnung davon haben, was im Innern einer Zelle geschieht, wettern über Gen-Food, warnen mit erhobenem Zeigefinger vor allem, was mit Genetik zu tun hat. Sie wissen nicht, dass die Enzyme in ganz gewöhnlichen Waschmitteln aus der Gen-Küche kommen. Genauso wie Lecithin, das in Hunderten von Nahrungsmitteln vorkommt. Es stammt von gentechnisch veränderten Sojabohnen. Nicht anders der harmlose Glukosesirup, der allen möglichen Getränken beigemischt wird. Um ihn herzustellen, wird ein Enzym benötigt, »das heute bereits fast ausschließlich aus gentechnisch veränderten Organismen stammt«. [56]

Und jetzt die CRISPR-CAS9-Technik. Mit dieser genetischen Waffe wird eine gezielte Steuerung der Evolution zur Tatsache. Jederzeit. Ob in der Vergangenheit oder der Zukunft. Tiere, Menschen und was immer auf der Erde heranwuchs, können unkompliziert und rasch verändert werden. Vermutlich beherrschen die ETs nicht nur das CRISPR-Verfahren, sondern noch raffiniertere Methoden, künstliche Mutationen an Lebensformen vorzunehmen. Haben sie es getan? Sind in der biologischen Evolution Risse, Sprünge oder gar völlig widersinnige Veränderungen nachweisbar, die auf natürliche Weise nicht erklärt werden können? Hatte Charles Darwin mit seinem Buch *Die Entstehung der Arten* [61] zwar grundsätzlich recht – aber nicht immer? Schließlich konnte er zu seiner Zeit weder etwas vom genetischen Code geschweige denn von künstlichen Mutationen wissen.

Auf unserem Blauen Planeten existieren tatsächlich Lebewesen, deren Existenz riesige Fragezeichen aufwirft. Etwa in der Tiefsee in über 4000 Metern, wo sich leuchtende Monster in absoluter Dunkelheit entwickelten. Darunter ein Wesen namens »Pistolenkrebs«, der seine Gegner mit kochend heißem Wasser erledigt. Oder die Käferschnecken. Diese urtümlichen Meerestiere verfügen über einen Schutzpanzer aus acht übereinanderliegenden Platten. Auf der obersten Platte liegen, in kleinen Mulden versteckt, Hunderte von winzigen Augen. Damit sieht das Tier alles in seiner Umgebung. Jedes Äuglein verfügt über ein eigenes Sinnesorgan. Ein totaler Widerspruch zur Evolution. Noch fantastischer: Käferarten mit Waffen, die auf natürlichem Wege nicht entstanden sein können. Unter ihnen tummelt sich auch eine ganz spezielle Art: der Bombardierkäfer. Er schreckt oder tötet seine Feinde durch ein hochgiftiges Sekret, das mit rund 100 Grad Celsius aus einer Explosionskammer am Hinterleib schießt. Dieses Sekret besteht aus den Chemikalien Hydrochinon und Wasserstoffperoxid. Dazu kommen die Enzyme Katalase und Peroxidase. Es entsteht ein Katalysator, der die Chemikalien zu giftigem Benzochinon (Knallgas) mischt. Dieses Knallgas explodiert und schießt gezielt aus dem Körper des Bombardierkäfers. Das geschieht mit der erwähnten Temperatur von 100 Grad Celsius. [62, 63] Bei dem ganzen Vorgang gelangen die beteiligten Chemikalien über ein sehr dünnes Ventil in die Explosionskammer. Nach jeder Explosion wird die Kammer durch eine Klappe geschlossen, die sich bei der nächsten Explosion wieder öffnet. Zwei winzige Reflektoren – je einer an jeder Seite – sorgen dafür, dass der Bombardierkäfer sogar um die Ecke schießen kann. Er tötet nicht nur kleine Angreifer, sondern auch Kröten, die hundertmal größer sind als er.

Wie soll sich diese Waffe im Käferleib langsam entwickelt haben können? Die Wand der Explosionskammer besteht aus einem widerstandsfähigen Überzug aus Proteinen und Chitin. Und wie sollen sich im Körper, langsam, von Generation zu Generation, die chemischen Baustoffe gebildet haben? War die Explosionskammer schon da oder wurde sie nachträglich erschaffen? Die steuerbare Düse? Die Reflektoren? Bildete sich alles gleichzeitig? Einfach so in einer Käferfamilie? Und die Explosionskammer mitsamt ihren beiden Ventilen? Sie musste bereits vorhanden sein, als die Chemikalien sich – wie auch immer – bildeten. Ansonsten wäre der Käfer beim Zusammentreffen der Chemikalien selbst explodiert. Die Evolution wäre in Bezug auf diesen Käfer an diesem Punkt abgebrochen worden. Was ist mit der winzigen Klappe, die sich vor jedem tödlichen Schuss rasch öffnet und gleich wieder schließt? Und da wäre noch der Verstand des Käfers. Gekoppelt an seine Sinnesorgane muss den Chemikalien der Befehl erteilt werden, sich jetzt zu mischen. Blitzartig, wenn ein Feind auftaucht. Gleichzeitig muss die Schießdrüse wie ein Kanonenrohr auf den Gegner ausgerichtet werden. Dann erfolgt das Kommando zum Schuss.

Alles ein bisschen viel. Durch welche Befehle, welchen »Geist«, sollen die Einzelteile dieses Waffensystems zusammengekommen sein? Wünschte sich der Käfer von seinem Körper: Ich brauche jetzt eine Explosionskammer, eine Düse, eine blitzartig sich öffnende und schließende Kanonenklappe? Zwei äußere Reflektoren aus sehr wiederstandsfähigem Material? Sie müssen schließlich nicht nur die aggressiven Säuren aushalten, sondern auch die

Temperatur in Höhe von 100 Grad Celsius. Eine langsam von Generation zu Generation ablaufende Entwicklung funktioniert hier nicht. Nun bin ich nicht der Meinung, irgendwelche »Götter« hätten ins Käfergenom eingegriffen und seine Waffe geschaffen – aber ich halte es für denkbar, dass der Käfer von einer fremden Welt importiert wurde. Wenn auch nicht gleich fix und fertig, so zumindest sein Genom. Vergleichbar Schlangen oder Ratten, die durch Schiffe auf abgelegene Inseln gelangten.

Der Käfer ist winzig – der Wal riesig. Jeder Schüler lernt, dass der Wal ein Säugetier ist und ursprünglich auf dem Lande gelebt habe. Das gilt auch für andere Säuger im Wasser. Also muss der Vor-Wal irgendwann in seiner Entwicklung ins Wasser geplumpst sein. Vielleicht watschelte er auch gemütlich hinein, weil es draußen zu heiß war. Jetzt verliert er die Füße, bildet Schwimmflossen, paart sich unter Wasser und säugt auch seine Jungen im nassen Element. Woher kommt die Hydraulik der ausfahrbaren Unterwasserzitzen? Die müssten von Anfang an da gewesen sein, sonst wären seine Jungen gleich nach der Geburt umgekommen. Fantastisch! Ganz generell gilt die Frage: Wenn das alles für die betreffende Lebensform von Vorteil war – das Überleben des Stärksten –, warum taten es dann andere derselben Art nicht auch?

Es ist unbestritten: Innerhalb einer Art finden dauernd Mutationen (= Veränderungen) statt. Es soll – so las ich irgendwo – rund 40 000 verschiedene Spinnenarten geben. Sie alle sind untereinander verwandt, stammen von einer »Urspinne« ab. Und die wiederum von irgendeinem Miniaturmonster. Doch aus einer Spinne wird auch nach Hunderten von Millionen Jahren keine Kuh. Aus Wurmarten sollen die ersten Wirbeltiere hervorgegangen sein. Und irgendwann mutierte ein lebender Zellklumpen zu einem Krebs. Der musste sich jetzt paaren, um die Evolutionskette weiterzuschieben. Doch mit wem paarte er sich?

Betraf die zufällige Mutation, die den Krebs entstehen ließ, gleich eine ganze Horde? Wir Säuger sollen ursprünglich aus dem Knochenfisch entstanden sein. Dann mutierte der Fisch. Jetzt konnten die Schwimmblasen den Sauerstoff nicht mehr aus dem Wasser beziehen, sondern aus der Luft. Die Lunge war geboren. Von diesen Quastenflosserfischen sei es dann nur noch ein kleiner Schritt zum ersten Lurch gewesen. Toll! Und was trieb dieser Lurch in seiner endlosen Einsamkeit? Er entwickelte sich zum Kriechtier, zum Säugetier etc. Seine Eier legte er jetzt auf dem Trockenen ab. Irgendwann entstand das erste Reptil, das sich aber nicht mehr mit seinen Verwandten, den Lurchen, paaren konnte. Neue Artgenossen mit denselben Chromosomenzahlen mussten her und die waren – es ist nicht zu fassen! – zur gefälligen Auswahl plötzlich vorhanden.

Woher kommen die Veränderungen? Zuständig sind die Gene, das sind die wichtigsten Datenträger, »aber sie sind nur ein kleines Glied der komplexen und faszinierenden Lebensketten«. [56] Unbestritten sind wir die nächsten Verwandten des Affen. Bis vor wenigen Jahren hieß es, unsere Gene seien mit denen des Menschenaffen zu 99 Prozent identisch. Wir hätten die gleichen Vorfahren, das gleiche Skelett und die gleiche Eiweißstruktur. In der Non-Stop-Serie von Abertausenden von Mutationen über Jahrmillionen hinweg hat sich vom Vorfahren des Affen bis zu uns alles Mögliche verändert – nur die Eiweiße nicht. Vergleichsweise sind die Abweichungen der Eiweißformen von zwei Fröschen 50-mal größer als diejenigen zwischen Schimpanse und Mensch. Professor Dr. Allan C. Wilson und seine Kollegin Mary-Claire King, beides Biochemiker von der University of California, die diese Abweichungen der Eiweiße bei Fröschen nachwiesen, meinten: »Es muss einen bisher unentdeckten, überdies sehr viel wirksameren Evolutionsmotor gegeben haben, als bisher bekannt.« [64]

Jetzt informierte Dr. Marie-Laure Yaspo vom Max-Planck-Institut für molekulare Genetik in Berlin die Öffentlichkeit, die Unterschiede zwischen Mensch und Schimpanse seien doch größer als angenommen. Zitat:

»Bisher ging man davon aus, dass Mensch und Schimpanse sich in ihrem Erbgut nur geringfügig unterscheiden. Doch jetzt hat ein Team von Wissenschaftlern aus Deutschland, China, Japan, Korea und Taiwan beim direkten Vergleich des Schimpansenchromosoms 22 mit seinem menschlichen Gegenstück, dem Chromosom 21, festgestellt, *dass im menschlichen Genom fast 68 000 Basenabschnitte verändert, also entweder hinzugekommen oder verloren gegangen sind.* Während die meisten dieser Veränderungen keinen oder nur einen geringen Einfluss auf die Funktion der kodierten Proteine haben, fanden die Forscher bei immerhin 20 Prozent davon wesentliche strukturelle Unterschiede. Rechnet man diese Differenzen auf das gesamte Genom hoch, *könnten sich Affe und Mensch in mehreren Tausend Genen unterscheiden* – was die Unterschiede zwischen beiden Arten besser erklären würde.« [65]

Die wissenschaftlichen Feststellungen enthalten Dynamit – und niemand scheint es zu bemerken. Die evolutionäre Distanz zwischen Mensch und Maus soll 60 Millionen Jahre betragen. Die zwischen Schimpanse und Mensch vielleicht zwei bis drei Millionen. Jetzt fanden sich sage und schreibe 68 000 längere, unterschiedliche Abschnitte im Genom zwischen Mensch und Schimpanse. *»Damit aber unterscheidet sich die Aminosäuresequenz der von den 231 entdeckten kodierten Protein bei Mensch und Affe zu 83 Prozent.«* [65] Weshalb? Wer oder was verursachte diese gigantische Mutation? Es geht nicht um 50 oder 100 zufällige Mutationen im Genom, sondern um 68 000. Die sind nicht so larifari hinzugekommen oder von der Natur – was immer das sein soll – weggeschmissen worden. Die Unterschiede entstanden zielgerichtet.

Was sind wir? Grundsätzlich ein Produkt der Evolution. Weshalb aber sind wir derart anders als die genetisch mit uns verwandten Affen? Der Primatenforscher Frans de Waal von der Emory University in Atlanta meinte, die Sprache trenne uns grundlegend vom Affen, weil das Überleben des Menschen davon abhänge. [66] Nach dieser Logik gäbe es uns ohne Sprache nicht. Nein, meinen andere Wissenschaftler. Es sei unser Sozialverhalten, das das Menschsein ausmache. Als ob eine Gorillagruppe, eine Delphinschule oder ein Löwenrudel kein Sozialverhalten besäßen.

»Wir sind Bastarde«, doziert Prof. Dr. David Reich vom Massachusetts Institute of Technology in Cambridge. [67] Die Linien von Mensch und Schimpanse seien schon jenseits von Eden getrennt gewesen, dann hätten die beiden Arten erneut Gene untereinander ausgetauscht. »Nachdem die Vormenschen bereits Hunderttausende von Jahren als eigene Art gelebt hatten, fingen sie urplötzlich wieder an, mit den im Knöchelgang laufenden Verwandten Geschlechtsverkehr zu treiben.« [67]

Nichts ist unmööööglich, doch weshalb soll ein aufrecht gehender Hominide plötzlich seine Artgenossin verschmähen und Sex mit einem fellbehaarten Affen betreiben? Zudem wäre das Produkt dieser Affenliebe ein genetischer Schritt rückwärts. Der Bastard verfügt nicht über bessere Erbfaktoren – ganz zu schweigen davon, ob die Chromosomen von Mensch und Schimpanse überhaupt miteinander kompatibel waren.

Die ketzerischen Gedanken, die ich zur Diskussion stelle, richten sich nicht prinzipiell gegen die Evolution. Wir sind nun einmal Ableger des Affen und alle dummen Kühe sind untereinander verwandt. Wahrscheinlich existierte irgendwo eine »Ur-Spinnen-Mutter« und alle Insekten, die stechenden und die harmlosen, entstammen einem klebrigen Zellkonglomerat. Aus guten Gründen bezweifle ich aber die phänomenale Vermischung der Arten mit den unsagbar komplizierten Veränderungen der Molekülketten. Gelehrte wie der Nobelpreisträger Sir Francis Crick, der Astrophysiker Chandra Wickramasinghe oder Bruno Vollmert, Professor für molekulare Chemie, sind weder Laien noch Dummköpfe. Professor Dr. Oliver Mühlemann, Uni Bern, ein brillanter Vertreter der Biochemie, schreibt: *»… Wie ist das Leben entstanden? Plausible Antworten auf diese für unser Selbstverständnis und unsere Weltanschauung so zentrale Fragen haben in den letzten 200 Jahren vor allem die Naturwissenschaften geliefert – allen voran Charles Darwin mit seiner einfachen, eleganten und x-tausendfach bestätigten Evolutionstheorie. Sie erklärt schlüssig, wie sich die heutige Vielfalt an Lebewesen aus gemeinsamen, identischen Urzellen entwickelte.«* [68] Für den gelehrten Professor existiert nicht der geringste Zweifel. Weder an der chemischen noch der Darwinschen Evolution. (»… tausendfach bestätigt …, sie erklärt schlüssig …«)

Wieso nur sagt Professor Vollmert (und andere) das genaue Gegenteil? *»[Die Zelle] … verdankt ihr Dasein einer intelligent-zielbewussten Planung … Die Lehre Darwins von der Entstehung der Arten … war und ist ein großer Irrtum.« [54]* (Alle Professoren sind integere, blitzgescheite Gelehrte – und trotzdem kommen sie zu völlig unterschiedlichen Überzeugungen. Und das gleich hundertfach, denn es existieren mindestens 100 Buchtitel von grundehrlichen Wissenschaftlern gegen die Evolution. Darunter berühmte Köpfe wie Dr. Thomas Nagel, zurzeit Professor für Philosophie an der University of California und derjenigen von Berkeley und Princeton. Professor Nagel hatte einige grundlegende Widersprüche in Bezug auf die bisherige Evolutionslehre aufgespürt. [69] Seither steht er unter Beschuss seiner Kollegen. Warum nur bekämpfen sich Wissenschaftler, die oft noch dieselben Schulen durchliefen, derart vehement?

Das Stichwort lautet immer: Ideologie. Die Pro-Darwin Vertreter werden als Materialisten beschimpft, die Kontra Vertreter als Kreationisten abqualifiziert, die noch an einen Gott glauben. Dabei haben viele der Kontra-Evolutionsansichten mit Gott überhaupt nichts am Hut. Die Meinungen sind festgefahren, die Urteile gefällt. Das wissenschaftliche Verhalten gleicht dem von Religionen oder Ideologien. Die eine Seite liest die Bücher der anderen Seite erst gar nicht. Jede Gruppe beharrt darauf, recht zu haben. Und jede Gruppe blickt eher mitleidsvoll auf die andere, die »einfach nicht begreifen will«. Der Pionier Craig Venter glaubte, das menschliche Genom entschlüsselt, den »gläsernen Menschen« durchsichtig gemacht zu haben. Dann stellten die klugen Genetiker fest, dass gar kein allgemeingültiges Genom existiert. Gene arbeiten nämlich nicht für sich allein. Sie sind immer im Verbund mit Hunderten anderen Genen tätig. Die Vorstellung, Gene würden wie aufgereihte Perlen an einer Schnur hängen, ist trügerisch. »Das gesamte Erbmaterial enthält einander überlappende Informationen«, bestätigte Dr. Roderic Guigó vom Zentrum für Genom-Regulation in Barcelona. [70]

Und immer wieder begegnen den fleißigen Forschern unmögliche Dinge, die zwar nachgewiesen werden können, aber nicht da sein dürfen. Derart »unmögliche Dinge« tauchen kurz auf, machen wütend und werden gleich wieder in die Kammer des Vergessens versenkt. Was für Dinge?

1960 wurden bei Hueyatlaco, 120 Kilometer südöstlich von Mexico City, mehrere Steinwerkzeuge gefunden. Sie wurden durch vier unterschiedliche Methoden datiert: a) die Uran-Serien-Methode, b) die Spaltspurendatierung, c) die Tephra-Hydration, d) die Mineralverwitterung. Alle Datierungen ergaben ein Alter von rund 250 000 Jahren. Unmöglich für die Evolutionisten. Vor 250 000 Jahren durfte es keine menschlichen Werkzeuge geben. Michael Cremo und Richard Thomson, beide selbst

Naturwissenschaftler, schrieben in ihrem gründlich recherchierten Buch *Verbotene Archäologie:* [71]

»... das Problem liegt viel tiefer als Hueyatlaco. Es betrifft die Manipulation der wissenschaftlichen Denkweise durch die Unterdrückung rätselhafter Daten. Daten, die die aktuell vorherrschende Denkweise infrage stellen ... Unsere Arbeit in Hueyatlaco wurde von den meisten Archäologen abgelehnt, weil sie der Theorie widerspricht. Ihre Argumentation dreht sich im Kreis. Der Homo sapiens sapiens entwickelte sich vor circa 30000 bis 50000 Jahren in Eurasien. Daher kann es unmöglich 250000 Jahre alte Werkzeuge gegeben haben, die auf den Homo sapiens sapiens zurückgeführt werden könnten, da der Homo sapiens sapiens erst vor circa 30000 Jahren entstand usw. Diese Denkweise bringt selbstzufriedene Wissenschaftler, aber eine lausige Wissenschaft hervor!«

Cremo und Thompson, Letzterer ein Mathematiker der Cornell University in Ithaca, US-Bundesstaat New York, bringen mehrere, bestens belegte Beispiele aus dem Pliozän (2,5 bis 5,3 Millionen Jahre zurück) und dem Miozän, das bis 23 Millionen Jahre in der Vergangenheit liegt. Stets geht's um Knochen, um Gegenstände, die in der betreffenden Epoche nichts zu suchen haben – aber eindeutig existieren. [71] Zur Bruniquel-Höhle in Südfrankreich gehört auch ein Steinkreis von sechs Metern Durchmesser. Der wurde von Archäologen der Universität von Bordeaux auf 176000 Jahre datiert. Definitiv und unverrückbar. Also hat jemand vor 176000 Jahren planvoll gehandelt. Neandertaler? Und warum?

Es wird noch verwirrender: In einer Höhle im Altai-Gebirge (Randgebiet von Mongolei und Sibirien) wurden Knochen gefunden und im Max-Planck-Institut für evolutionäre Anthropologie in Leipzig analysiert. »Die eindeutig menschlichen Knochen aus der Denisova-Höhle stimmen nicht mit dem menschlichen Genom überein. Das Erbgut des Denisova-Menschen unterscheidet sich von dem des Homo sapiens mehr als doppelt so stark wie das des Neandertalers.« [72]

Es geht bei Weitem nicht um Einzelfälle, sondern um Hunderte von widersprüchlichen Funden, die von der einen Seite verärgert in den Papierkorb geworfen werden.

Schon vor 40 Jahren [73] und auch später brachte ich einen Gedanken in die Diskussion, der heute mehr und mehr realistisch wird: die gezielte, künstliche Mutation von außen. In der christlichen Welt allgemein bekannt ist die »Jungfrauengeburt«. Maria, die Mutter von Jesus, soll unbefleckt vom »heiligen Geist« empfangen haben. Selbstverständlich stimmt die Geschichte nicht, wie ich auch früher schon belegte. [18, S. 32 ff.] Doch aus welcher Küche stammt diese Idee der künstlichen Befruchtung überhaupt? Im Alten Testament wird an mehreren Stellen von derartigen Wundern geschrieben. Die unfruchtbaren Frauen Sarah (Gen. 18, 10–14) und Rebekka (Gen. 25, 21–26) erlebten das Glück, von irgendwelchen himmlischen Wesen besucht worden zu sein. Doch dieser »Same vom Himmel« war im Alten Orient eigentlich eine Selbstverständlichkeit. Jeder Herrscher hatte gefälligst »göttlicher Abstammung« zu sein. Sonst war er nichts wert. Der ägyptische Gott Amun-Re begattete die Mütter der Thronerben. Alexander der Große (356–323 v. Chr.) soll durch einen Blitzstrahl gezeugt worden sein. Der Assyrerkönig Assurbanipal (687–627 v. Chr.) war ein Sohn der Göttin Ischtar. Angeblich. Immerhin begründete er eine grandiose Tontafelbibliothek. Auch der akkadische König Hammurabi (1728–1686 v. Chr.) gehört zu den Himmelsgeburten. Seine Mutter wurde vom Sonnengott geschwängert. Von Hammurabi stammen die ältesten, schriftlich fixierten Gesetzestafeln: der *Codex Hammurabi.* Auch religiöse Gestalten wie Buddha oder Zarathustra sind durch einen »göttlichen Strahl« im Leibe ihrer jungfräulichen

Mütter gezeugt worden. Genauso der Begründer des tibetanischen Reiches, Gesar, oder die ersten Urkaiser Chinas. Dasselbe gilt für die ursprünglichen Herrscher der Inka oder jene der Azteken. Das Motiv ist uralt und sozusagen international. Im babylonischen *Gilgamesch-Epos,* das auf Sumer zurückgeht, wird Gilgamesch, der König der Stadt Uruk, von den Göttern Schamasch und Adad geschaffen: »So schufen den Gilgamesch die großen Götter: elf Ellen lang war sein Wuchs …, zwei Teile sind Gott an ihm – Mensch sein dritter Teil.« [74]

So richtig fantastisch werden die künstlichen, von sogenannten Göttern praktizierten Mutationen bei den Mischwesen, den Chimären, die es zumindest in den Überlieferungen alter Chronisten gegeben haben soll: »*Gezeugt haben sie auch Menschen, doppelbeflügelte; … weiter noch andere Menschen mit Schenkeln von Ziegen und Hörnern am Kopf; noch andere, pferdefüßige; und andere von Pferdegestalt an der Hinterseite und Menschengestalt an der Vorderseite …, erzeugt haben sie auch Stiere, Menschenköpfige … sowie noch andere Ungeheuer …*« [75] So beschrieben beim Kirchenvater Eusebius, der als Bischof von Caesarea und als Chronist in die Kirchengeschichte einging (gestorben 339 n. Chr.). Eusebius zitierte ausführlich aus den Werken des ägyptischen Historikers Manetho. Der wiederum wurde beim griechischen Historiker Plutarch als Zeitgenosse des ersten ptolemäischen Königs (304–282 v. Chr.) erwähnt. Und was behauptet Manetho/Eusebius? Es habe Mischwesen zwischen Pferd und Mensch gegeben? Der Zentaur lässt grüßen! Stiere mit Menschenköpfen? Soll so einer nicht im Labyrinth von Kreta gelebt haben?

Uns rational denkenden Menschen bleiben bei Mischwesen nur zwei Varianten der Erklärung: alles dumme Fantasie oder genetisches Design. Logischerweise können Chimären nicht auf natürliche Weise entstanden sein. Die Chromosomenzahlen der Monster passen nicht aufeinander. *Wenn* sie einst existierten, dann nur durch eine künstliche Mutation am DNS-Strang. Wer beherrschte diese Technik vor Jahrtausenden?

Man mag den Standpunkt vertreten, dass alle diese Überlieferungen über Himmelsgeburten, Gott-Könige oder Mischwesen der Fantasie unserer Vorfahren entsprungen seien. Die *wünschten* eben so etwas. Doch damit machen wir es uns zu einfach. Die ältesten Schriften stammen aus Sumer, die Keilschriften, und etwas später aus Ägypten – die Hieroglyphen. Die ersten Schreiberlinge, die mit irgendwelchen Griffeln dickere oder dünnere Striche in ihre Tontafeln trieben, waren keine Science-Fiction-Autoren. Schreiben galt als hohe Kunst. Nur wenige beherrschten sie. Doch wir Schlaumeier unserer Zeit nehmen an, die Urschreiber hätten ihren Tontafeln Fantasiegeschichten anvertraut. Ich unterstelle, der damalige Herrscher oder Oberpriester hätte einen derartigen Missbrauch nie zugelassen. Übermittelt wurde die Wahrheit. Weshalb, um alles in der Welt, schrieben sie dann das Folgende? *»So schufen den Gilgamesch die großen Götter: elf Ellen lang war sein Wuchs ..., zwei Teile sind Gott an ihm – Mensch sein dritter Teil.«* [74]

In unserer Zeit entstanden Übersetzungen aus einem neuen Blickwinkel heraus, und die ergaben ein total anderes Bild als früher. Ich wies schon auf die Übersetzungen von Dr. Hermann Burgard hin. [76] Dr. Burgard ist Fachmann der sumerischen Schriftzeichen. Er kennt jeden Wortstamm, jede Querverbindung, jede Interpretation und jede frühere Facharbeit seiner Kollegen aus der Schule der Sumerologie. Nun hat er sich an die Texte der Priesterfürstin Encheduanna herangemacht. Die bekritzelte vor 4300 Jahren viele Tafeln mit Keilschriften. Dr. Burgard wirft seinen Fachkollegen die Beibehaltung jahrzehntealter Missverständnisse vor. Aus den uralten Texten belegt Burgard die ehemalige Existenz einer Raumstation im Orbit. Dieses Weltraumhabitat wurde von der Erde aus »mit einem kleineren

Gerät« erreicht. Das wiederum dockte in einer Landebucht an, die sich »wie eine Falle schloss«. [77, 78] Die bisherigen, von ehrenhaften Gelehrten durchgeführten Übersetzungen werden als Irrtümer entlarvt, weil sie von falschen Voraussetzungen ausgingen. Dem Denken in einem anderen Zeitgeist. In jener grauen Vorzeit des Menschen, so Dr. Burgard, wurde nicht irgendein Himmel der Glückseligkeit besungen, wurden keine Wetterphänomene oder Naturkatastrophen beschrieben. Es ging zu keiner Zeit um diffuse Religionen oder psychologisch herbeigeredeten Unsinn, sondern um harte Realitäten.

Dasselbe, so interpretiere ich, gilt für die Texte über die »Himmelsgeburten« und Mischwesen. Mag auch manchem König oder religiösen Führer nachträglich eine außerirdische Geburt angedichtet worden sein – einige dieser genetisch veränderten Gestalten existierten tatsächlich. Sie sollten die Menschheit – die Masse – in eine neue Richtung leiten. Geschaffen wurden diese Mutationen ausnahmslos von den angeblichen »Göttern«, den ETs. Weshalb, um alles in der Welt, taten sie das? Und wie lässt sich das beweisen?

Den Beweis müssten die Genetiker erbringen, und das dürfte nicht mal allzu schwer sein. Doch wo ist der anerkannte Fachmann mit der Courage, sich an die Öffentlichkeit zu wenden? Sobald auch nur eine einzige *künstliche* Mutation in der Vergangenheit nachgewiesen werden kann, gelten dieselben Spielregeln wie bei der SETI-Zensur. Denn mit einem derartigen Nachweis ist nicht nur die Existenz von ETs bewiesen, sondern auch deren Einfluss auf die menschliche Gesellschaft. Ich kann jedenfalls bestätigen, dass die jahrtausendealten Überlieferungen immer wieder von Menschen berichten, die durch eine künstliche Befruchtung gezeugt wurden. Eine saubere Aussage darüber liegt in Form der Lamech-Rolle vor. Es handelt sich um eine der Schriftrollen vom Toten Meer. (Ich berichtete mehrfach darüber.) Dort erfährt man, dass der Same von Noah durch die »Wächter des Himmels« in den Schoß von Bat-enosch, Noahs Mutter, gelegt wurde. [79] Jetzt, und jeder weiß es, sollen wir alle Nachfahren von Noah sein. Egal welchen Namen man dem Typen in anderen Kulturen auch immer gegeben haben mag.

Damit trägt die gesamte Menschheit außerirdische Gene in sich. Wie war das mit den 68 000 Unterschieden zwischen dem menschlichen und dem Schimpansen-Genom? »*Damit aber unterscheidet sich die Aminosäuresequenz der von den 231 entdeckten kodierten Proteine bei Mensch und Affe zu 83 Prozent.*« [65]

Wir sind sehr wohl Produkte der Evolution – aber nicht nur. Doch weshalb muss in unserer Gesellschaft ein 81-jähriger Schriftsteller, der kein Genetiker ist, auf diese Zusammenhänge hinweisen? Weil mir die Verbindungen aus den Menschheitsüberlieferungen vertraut sind – das geht anderen ab. Und weil einige Fachleute sehr wohl wissen, was ich weiß, aber wegen ihres Berufsethos nicht darüber schreiben dürfen.

Die Frage aller Fragen bleibt: WARUM? Was haben Außerirdische davon, aus einer Affenart einen intelligenten Menschen zu produzieren? Über Jahrtausende hinweg immer wieder herausragende Führer entstehen zu lassen? Sich in Form von UFOs zu zeigen oder gar phänomenale Bilder in unseren Feldern entstehen zu lassen? Das alles ergibt doch keinen Sinn, oder? Wo bleibt der Zusammenhang?

Haben Sie sich schon einmal Gedanken über Ameisen gemacht? Es gibt rund 13 000 (dreizehntausend!) unterschiedliche Arten und weltweit vermutlich Billionen Tierchen davon. Da leben Treibameisen, die keine Nester bauen, sondern sich herumtreiben. Es gibt Knotenameisen, Schuppenameisen, schwarze und rote Waldameisen, größere und kleinere Tierchen. Es soll Holzameisen geben oder Weberameisen, die ihre Nester aus Blättern komponieren. Es existieren Ameisenhaufen auf Bäumen und Blattschneiderameisen, die größere Blätter zu Stücken verarbeiten und ins Nest tragen. Vorwiegend am Amazonas gibt es sogar gemischte Kolonien, die regelrechten Sklavenraub betreiben und die die erbeuteten Ameisen für sich arbeiten lassen. Dann existieren Abarten wie die weißen oder roten Termiten. Sie alle leben in vollkommen perfekt organisierten Staaten mit Königinnen, Soldaten, Kundschaftern und Arbeitern.

Üblicherweise sind Ameisenstaaten nach Kasten organisiert. Jede Gruppe ist für andere Aufgaben zuständig: für die Ameisenbauten, die Ernährung, die Brutpflege oder den Schutz des Baues. Die Weibchen sind die eigentlichen Nestgründer. Sie legen Tausende von Eiern, der Rest des Staates dient dem Schutz und der Aufzucht der Jungen. Die Termiten, insbesondere die »Hodotermitiden« und »Rhinotermitiden«, sind sehr ideenreich. Ihre Bauten bestehen aus einem Gewirr von Gängen, die nach innen in die »Königskammer«, nach außen in regelrechte gedeckte »Zufahrtsstraßen« münden. Die Belüftung im Bau ist perfekt. Darin ist es weder zu heiß noch zu kalt. Da gibt es »Gärkammern«, »Pilzkulturen« und sogar »Gästekammern«. Denn bestimmte Ameisenvölker halten Käfer als Gäste. Sie füttern sie und profitieren von ihren Ausscheidungen. Ameisenstaaten können regelrechte Kriegszüge gegeneinander führen. Da werden Kundschafter ausgeschickt, sie spionieren und informieren. Heimtückische Überfälle sind an der Tagesordnung. Respektlos werden fremde Königinnen in Stücke zerschnitten, Arbeiter als Sklaven ins eigene Nest gezwungen. Dies und viel mehr beweist: In jedem Ameisenstaat steckt viel Erfahrung, doch auch Gedächtnis, Erkennungs- und Mitteilungsvermögen.

Wissen Ameisen, wer oder was Menschen sind?

Stellen Sie sich vor einen Ameisenhaufen, lassen Sie die Tierchen an sich hoch- und runterkrabbeln. Die Ameise wird sich trotzdem nicht bewusst, was ein Mensch ist, wie unser Gedächtnis, unsere Technologie, unser Bewusstsein funktioniert. Die Tierchen können in unsere Autoscheinwerfer starren, den Lärm unserer Zivilisation hören, unsere Abgase registrieren. Sie erkennen uns trotzdem nicht. Kippen Sie ein Tierchen zärtlich in ein Glas, fotografieren Sie es auf Ihrem Küchentisch und tragen Sie die Ameise anschließend wieder zu ihrem Haufen zurück. Das Tierchen wird jetzt aufgeregt herumrennen und dauernd schreien: »Ich bin von einer außerameisischen Intelligenz entführt worden.« Aber ihre Artgenossen wissen doch alle, dass es *keine* außerameisische Intelligenz gibt. Das entführte Tierchen wird geächtet, bekommt Depressionen, kann nicht mehr glücklich werden. Niemand glaubt ihm. Selbst die engsten Freunde wenden sich ab. »Was bildest du dir ein?«, klagen sie. »Glaubst du, etwas Besonderes zu sein? Selbst wenn dort draußen irgendeine außerameisische Intelligenz existieren würde, weshalb sollten die ausgerechnet dich auserwählt haben? Sie hätten sich doch mit unseren Kundschaftern oder direkt mit der Königin in Verbindung gesetzt …«

Ahnen Sie die Dimension? In einem speziellen Schulungsprogramm könnten wir Menschen doch die Ameisensprache lernen, ihnen beibringen, andere Nahrungsmittel als die bisherigen zu konsumieren. Wir hätten auch die Macht, Ameisenkriege zu beenden. Jeder Krieg produziert schließlich die Folter und Zerstückelung von Ameisen, Leid, Ausgrenzung, die Zerstörung von Nestern, Flüchtlinge, die kein zu Hause mehr haben und dauernd um ihr Leben fürchten müssen. Weshalb stoppen wir Menschen die Ameisenkriege nicht? Wie können wir dieser grauenhaften Abschlachterei nur tatenlos zusehen?

Weil es uns schnurzegal ist, was in Ameisenstaaten geschieht.

Und die Außerirdischen im Verhältnis zu uns? Ganz offensichtlich scheint es ihnen *nicht* egal zu sein, was mit uns geschieht. Zwar schauen sie unseren Kriegen zu, obschon sie die

Mittel hätten, sie jederzeit zu stoppen. (Haben Sie die lahmgelegten Interkontinentalraketen der Flight Launch Control Facility vom 24. März 1967 im US-Staat Montana vergessen?) Die ETs mischen sich nicht in unsere große Politik ein, obschon die oft zum Himmel stinkt. Sie entführen oder bestrafen keine Diktatoren, zeigen sich weder an öffentlichen Bildschirmen noch über Fußballstadien. Und überhaupt: Sie versklaven die Menschheit nicht. Was wollen sie also? Weshalb das Interesse an uns?

Das gesamte Universum ist unfassbar riesig. Zumindest für den menschlichen Verstand. Genauso wie die Astrophysik an den Beginn des Universums einen »Urknall« (oder mehrere Urknall-Ereignisse) setzt, mag die Philosophie (oder Religion) am Beginn einen »Urgott« sehen. Plus und minus. Ying und Yang. Der Urknall schafft die Materie, der Urgott den Geist oder die Information. Vom Urknall wissen wir heute noch nicht mit Sicherheit, ob sich das Universum ewig ausdehnt oder irgendwann wieder zusammenkracht. Die *Information* hingegen will Unendlichkeit, bis das gesamte Universum mit ihr (= Intelligenz) ausgefüllt ist. Jeder Winkel des Weltalls soll »göttlich« sein. Durch alle Dimensionen, Zeiten und Parallelwelten soll der Informationsaustausch stattfinden. Notwendig dazu ist die Ausbreitung der Intelligenz. Sie muss die Materie mit »Geist« infizieren. Dieses Spiel läuft über die Multiplikation von intelligenten Wesen. Keine Intelligenz existiert ohne Neugierde. Sie ist der Impulsgeber der Ausbreitung. Deshalb sorgt die außerirdische Urintelligenz dafür, dass überall Leben entstehen kann. So wird das Universum mit den Bausteinen des Lebens infiziert – den verwirrenden Molekülketten, die nur wie Schloss und Schlüssel ineinanderpassen.

Auf jedem geeigneten Planeten entsteht Leben und damit Evolution. Aus der wiederum mögen die tollsten Formen wachsen: Krokodile, Heuschrecken, Saurier, Elefanten und Vögel. Aber die Evolution kennt auch *zwingende Formen.* Nur Arten mit dem geeigneten Instrumentarium vermehren die Intelligenz. So ist es für Wasserlebewesen unmöglich, Elektrizität oder einen Computer zu erfinden. Oder: Metalle lassen sich nun mal nur durch Hitze vermischen und zu neuen Legierungen verbinden. Noch weiter: Molekülketten *können nur* unter einem Elektronenmikroskop sichtbar gemacht werden. Eine unmögliche Entdeckung für Schlangen oder Krokodile. In der Evolution wimmelt's von diesen *zwingenden Entwicklungen.* Sie steckten bereits in den Bausteinen des Lebens. Die Entwicklung zum Affen war kein Zufall. Es ging gar nicht anders.

Nun werden fortgeschrittene, außerirdische Intelligenzen wohl raffiniertere astronomische Verfahren kennen als wir. Sie wissen, welche Sonnen von Planeten umkreist werden, wissen, welche Planeten sich in der habitablen Zone bewegen. Erst jetzt, nachdem die Evolution Jahrmillionen lang gewirkt haben mag, werden Raumschiffe ausgeschickt. Nicht zufälligerweise irgendwohin, sondern gezielt dorthin, wo sich Leben *entwickelt haben musste.* Als die Fremden auf die Erde kamen, existierten bei uns bereits Millionen von Arten. Darunter auch unser Vorfahre, der Affe. Die ETs schnappten sich einige Exemplare davon, veränderten die Basenreihenfolgen im DNS-Molekül, verpflanzten die mutierte Zelle in die Gebärmutter einer Schimpansin. Es könnte auch ein Fötus in vitro (im Reagenzglas) zum Wachsen gebracht worden sein. Retortenbaby. Nach der Tragzeit gebar das Weibchen ein Kindlein mit demselben Skelett, demselben Schädel, demselben Körperbau, denselben Immunreaktionen – aber mit *zusätzlichen* Erbanlagen, die der Schimpansin abgingen. Neugierde, die Fähigkeit zur Sprache = Informationsaustausch. Sinn für Kultur wie Bildhauerei, Musik, Malerei, Religion und das Wichtigste: Technik. Von heute aus gesehen war es nur vernünftig, die ersten Menschen von der Umwelt abzuschirmen und in einen »Garten Eden« zu verpflanzen. Schließlich beherrschten die ersten Menschen – nennen wir sie Adam und Eva – keine Sprache. Von ihren Vorfahren kannten sie nur Grunz- und Zischlaute. Die Sprache der ersten Menschengeneration war die Sprache der Götter. Diese Annahme blinzelt noch heute durch die Überlieferung vom Turmbau zu Babel: »Es hatte aber alle Welt einerlei Sprache und einerlei Worte.« (1. Mos. 11,1)

Irgendwann kam der Tag, an dem die »Götter« zu anderen Sonnensystemen aufbrachen, um dort weitere Intelligenz zu schaffen. Beim Abschied könnte sich Folgendes abgespielt haben: Die ersten Menschen knieten vor den Fremden. Die sagten: »Wir sind keine Götter. Wir sind vom gleichen Fleisch und Blut wie ihr. Macht euch niemals ein Bild von Gott, denn Gott ist unfassbar und unerklärlich.« Die Fortsetzung des erdachten Gespräches steht bei Moses: »Seid fruchtbar, mehret euch und füllet die Erde und macht sie euch untertan. Herrscht über die Fische im Meer und die Vögel des Himmels, über das Vieh und alle Tiere, die auf der Erde sich regen.« (1. Mos. 1,28)

Der Auftrag war klar: Intelligentes Leben sollte sich vermehren und über nicht-intelligente Lebensformen bestimmen. Doch ein entscheidendes Gebot durften die ersten Menschen niemals brechen. Sie durften mit ihren bisherigen nicht-intelligenten Artgenossen keinen Geschlechtsverkehr mehr haben. Dies wäre ein genetischer Rückfall gewesen. Und der ereignete sich prompt. Irgendwer trieb es mit nicht-mutierten Artgenossen. Dies ging als »Erbsünde« in das Gedächtnis der Menschen ein. Das Unheil begann. Als die »Götter« nach Jahrhunderten zurückkehrten, »reute es sie, dass sie den Menschen geschaffen hatten, und es bekümmerte sie tief.« (1. Mos. 6,6–8) Die Sintflut wurde beschlossen, das Experiment abgebrochen und neu gestartet. Der Stammvater der Menschheit nach der Flut hieß Noah – bei anderen Kulturen bekam er oft einen anderen Namen. Noah wiederum war eine von den »Wächtern des Himmels«

gezeugte Gestalt. Ab Noah sind wir Menschen keine reinen Erdwesen mehr. Veränderte Gene gehören zum Bestandteil unseres Genoms.

Die Menschheit wuchs, breitete sich auf der Erde aus, entwickelte verschiedene Sprachen und Kulturen. Durch die dauernden Zwistigkeiten unter den Gruppen erfand jeder Stamm eigene Waffen, bessere Abwehrmethoden. Der Krieg ist zwar nicht der Vater aller Dinge, aber die Ursache so mancher Technologie.

Wieso gab es überhaupt Kriege? Hätten die ETs sie nicht verhindern können? Durch den Informationsaustausch der Menschen untereinander *mussten* sich geradezu unterschiedliche Meinungen bilden. Die Eigenwilligkeit, der Stolz des Menschen ließ ihn glauben, nur seine Ansicht sei die richtige. Die »Götter« hätten die Spannungen entladen können und damit vermutlich eine friedliche, todlangweilige Gesellschaft erschaffen. Die wiederum wäre vor Faulheit eingegangen. In einem Leben ohne Spannung suchen die Menschen nach der Multiplikation von Lust. Dabei werden ihre grauen Zellen nicht allzu sehr strapaziert. Man *kann* etwas erfinden – aber man *muss* es nicht.

Ich vermute, dahinter liegt der Langzeitplan jener ETs. Wie lautete die erste Frage im Religionsunterricht?

»Wozu sind wir auf Erden?«

»Wir sind auf Erden, um Gott zu dienen und einst in den Himmel zu kommen.«

Auf heute bezogen würde die Antwort lauten:

»Wir sind auf Erden, um Technologien zu entwickeln und die Intelligenz im Universum auszubreiten.«

Weshalb denn so kompliziert? Die ETs beherrschen schließlich die Technologien bereits, um sie im All zu verbreiten. Dazu sind Menschen nicht nötig.

Man stelle sich vor, die Ethnologen einer hoch technisierten Gesellschaft besuchen einen Stamm mit Steinzeitmenschen.

Sollen sie denen jetzt beibringen, wie man ein Auto baut? In den Köpfen der Steinzeitler existiert noch keine Schrift. Mathematik und alle anderen Lehrfächer sind ihnen unbekannt. Die Gründung der ersten Schule wäre gerade einmal der Startschuss für die Entwicklung der Gesellschaft. Es existiert weder ein Stahlwerk noch ein Kraftwerk, mit dem elektrischer Strom erzeugt werden könnte. Nichts da von Rädern, Reifen, Pressluft, Getrieben, Zahnrädern, Radaufhängungen, Bremsen, Filtern, Lenkungen, Zündkerzen – geschweige denn von Ölen oder Kraftstoffen.

Die Ethnologen werden gar nicht erst versuchen, den Eingeborenen den Autobau beizubringen. Die Entwicklung zum Industriestaat kann nur schrittweise vorangehen. Das gilt auch für das Universum. Und im Weltall spielen Jahrtausende keine Rolle. Stellen Sie sich weiter vor, irgendeine intelligente Spezies dort draußen möchte wissen, ob es in einer Distanz von 800 000 Lichtjahren andere intelligente Wesen gibt. Sollen sie jetzt Radiosignale in allen nur denkbaren Frequenzen hinausschicken? Meldet euch! Aber Radiosignale sind an die Lichtgeschwindigkeit von rund 300 000 Kilometer pro Sekunde gebunden. Also warten die Astrophysiker der intelligenten Spezies 1 600 000 Jahre auf Antwort? (Das Signal benötigt 800 000 Jahre, um am Ziel einzutreffen. 800 000 Jahre vergehen, bis ein Antwortsignal am Ausgangspunkt eintrifft.) Und dies alles nur in der Hoffnung, es möge überhaupt eine Antwort eintrudeln. Es könnte ja sein, dass im Umkreis von 800 000 Lichtjahren keine andere Intelligenz existiert oder nur eine, die nicht antworten will.

Es hilft alles nichts. Um innerhalb der riesigen Distanzen des Universums Botschaften und Erfahrungen auszutauschen, muss ein Informationsnetz aufgebaut werden. Durch Raum und Zeit. Dies ist im Gang. Wir sollen Bestandteil dieses Netzes werden. Die Entwicklung bis zur Industriegesellschaft dauerte Jahrtausende. Ur-Ur-Ur-Ur-Großväter fanden den Weg, Metalle in unterschiedliche Legierungen zu mischen. Andere tüftelten an Kunststoffen herum, wieder andere ergötzten sich am Blitz, dachten sich die Elektrizität aus. Geländefahrzeuge, Panzer, Flugzeuge, die Atombombe und die Kernenergie wurden entwickelt. Industrienationen entstanden, die heute durchaus in der Lage wären, gigantische Raumschiffe zu konstruieren. Noch existieren Wissenslücken. Welche Triebwerke sind am wirkungsvollsten? Gibt es den »Warp-Antrieb« aus den Science-Fiction-Filmen tatsächlich? Wie ist Überlichtgeschwindigkeit erreichbar? Gibt es Raumkrümmungen? Existieren die »Wurmlöcher«? Könnten Raumschiffe hindurchfliegen? Selbst wenn diese Unmöglichkeiten möglich sein sollten, selbst wenn ETs mit Überlichtgeschwindigkeiten im Universum herumspringen würden, ändert dies nichts am Aufbau des kosmischen Informationsnetzes. In Raum und Zeit müssen Gesellschaften aufgebaut werden, die zu all diesen »Unmöglichkeiten« fähig sind.

Deshalb bekommen wir Hilfe von außen. Dank dem damit verbundenen Wissen sind wir bereits in der Lage, kleinere UFOs zu bauen. Wie sagte Benjamin Robert Rich, der Direktor der geheimen Lockheed-Skunk-Works-Abteilung? *»Wir verfügen schon jetzt über die Möglichkeit, zu den Sternen zu fliegen …«* [5] Und der US-Astronaut Edgar Mitchell? *»Nicht alle UFOs sind auch tatsächlich außerirdischer Herkunft. Bei einigen handelt es sich um unsere eigenen Entwicklungen …, aber wir sind bei Weitem nicht auf dem technologischen Stand wie die, die uns besuchen.«* [18] Die beobachtenden ETs wollen uns weder umbringen noch einen Planeten in Panik versetzen. Wir gehören zu ihrer Art. Geschaffen über die chemische Evolution zur Darwinschen. Festgehalten in den heiligen Schriften: »Und Gott sprach: Lasset uns Menschen machen nach unserem Bilde, uns ähnlich …, und Gott schuf den Menschen nach seinem Bilde, nach dem Bilde Gottes schuf er ihn.« (1. Mos 1,27–27) Wobei nur die Sprachgelehrten wissen, dass das hebräische Wort »Elohim«, das in der *Bibel* für »Gott« eingesetzt wurde, in Wahrheit ein Mehrzahlbegriff für »*die* Götter« ist. Die Menschheit wurde durch die Jahrtausende hindurch mitsamt all den gezielten, künstlichen Mutationen anhand einiger Leitfiguren bis in die Gegenwart überwacht. Auch heute – haben Sie es vergessen? – leben einige ETs unter uns: »*Einige der Außerirdischen sehen aus wie wir, und sie könnten die Straße hinunterlaufen, und man würde es nicht merken.*« Gesagt wurde das von Paul Theodore Hellyer, dem Ex-Verteidigungsminister von Kanada.

»Eigentlich ein ganz respektables Modell«, meinte einer meiner akademischen Freunde. »Aber eben nur ein Modell. All das, was hier behandelt wurde, lässt sich auch anders, ohne den Eingriff von ETs, erklären.«

Richtig. Wir Menschen können alles auseinanderdividieren. Schließlich gehört es zur wissenschaftlichen Maxime, zuerst die nächstmöglichen, vernünftigen Antworten heranzuziehen. Und dazu brauchen wir keine ETs. Doch die Einschätzung, *welche* die »nächstmögliche« Antwort sei, ist eine Frage des Zeitgeistes.

Sind UFOs nun eine Tatsache oder nicht? Auch bei Hunderttausenden von Falschmeldungen bleiben bei der Fülle des Materials genügend naturwissenschaftlich blitzsauber belegte rätselhafte Fälle.

Entstehen nun wirklich Bilder in den Korn- und anderen *Feldern,* die nicht von Fälschern erzeugt wurden und innerhalb weniger Minuten wachsen?

Gibt es eine Hundertschaft von Naturwissenschaftlern, die sauber belegt, dass weder die chemische noch die Darwinsche Evolution ohne Einfluss von außen möglich war? Wissenschaftler, die nichts mit Kreationismus oder Gottglaube am Hut haben?

Besitzen wir jahrtausendealte Überlieferungen, in denen von Menschen und Tieren berichtet wird, die durch die »Götter« erschaffen wurden? (Gilgamesch: *»Zwei Teile sind Gott an ihm – Mensch sein dritter Teil.«* Die Lamech-Rolle mit Noahs Abstammung.)

Es kommt noch dicker. Hunderte von Kulturen des Altertums bis in die Zeit der Eroberer hinein berichten dasselbe. Unabhängig voneinander. Sie alle wurden von »Göttern« besucht, von »Göttern« unterwiesen, und es gab künstliche Befruchtungen.

Diese Behauptungen möchte ich im nächsten Kapitel belegen.

Kapitel 4

Wer hat noch den traurigen Mut …?

»Jeder Mythos, jede Legende spiegelt, wie von der Wissenschaft nachgewiesen, einen Zustand oder ein wirkliches Geschehen wieder … Und so finden wir zu unserem höchsten Erstaunen in den Mythen, verschlüsselt zwar, doch nicht zu bezweifeln, Kenntnisse eingebettet, die der Urzeitmensch gar nicht hat erwerben können …« [80]

Das Zitat stammt vom Ethnologen Karl Kohlenberg, der schon vor 50 Jahren vergleichende Mythenforschung betrieb und verblüfft feststellen musste: Hier stimmt etwas nicht. Weshalb berichteten Steinzeitkulturen, die Tausende von Kilometern voneinander entfernt lebten, und keinen Kontakt zueinander hatten, verwandte Geschichten? Woher kamen die unübersehbaren Gemeinsamkeiten? Der einflussreichste französische Altphilologe und Althistoriker, Prof. Dr. Pierre Grimal

(1912–1996), definierte die Mythe als »chronologisch nicht geordnete Geschichte«. [81] Im Kern seien zwar die ursprünglichen Ereignisse bewahrt geblieben, doch oft nicht im richtigen kausalen Zusammenhang und zudem in einer falschen Zeit.

Irgendwo dort draußen im undefinierbaren Raum herrschte »das Chaos«. Die Welt war noch nicht erschaffen. Mit dieser Vorstellung beginnen viele der ältesten Überlieferungen. Unsere Vorfahren konnten sich die Entstehung des Universums nicht vorstellen. Sind wir heute schlauer? In diesem Chaos schafft jemand Ordnung. Wer? Woher kommt dieser jemand? Der griechische Dichter Homer lässt aus dem Chaos Gäa entstehen und die wiederum gebiert den Uranos – den Sternenhimmel. [82] Das Alte Testament setzt an den Beginn das »Tohuwabohu« = das Chaos. Dann tritt Gott auf die Bühne und sorgt für Ordnung. Er schafft Licht, Wasser, Land, Vegetation, dann Seetiere, Vögel, schließlich »Vieh, kriechende Tiere und das Wild des Feldes« (1. Mos. 1,24) und am sechsten Tag, als Krone der Schöpfung, den Menschen.

Woher eigentlich kannten die Schreiberlinge vor Jahrtausenden den zwingenden Ablauf der biologischen Evolution? Da wurde nicht einfach ein Mensch als fixfertiges Wesen hingestellt. *Vor* ihm mussten andere Viecher, *vor denen* wiederum Seetiere leben. Das wurde nur möglich, wenn zuerst Land und Wasser geschieden waren und am Firmament eine Energiequelle – die Sonne – leuchtete. Der Ablauf stimmt.

In der griechischen Mythologie ist alles verwirrender. Aus dem Sternenhimmel – Uranos – stammten die zwölf Titanen, männliche und weibliche Riesen mit ungeheurer Macht. Ihre Namen lauteten Okeanos, Koios, Krios, Hyperion, Japetos, Kronos, Theia, Rheia, Themis, Mnemosyne, Phoibe und Thetys. Sie zeugten Kinder und jene Kindeskinder. So entstanden Helios, der Sonnengott, und Selene, die Mondgöttin. Kronos seinerseits zeugte Poseidon und Zeus. Es gab Streit im Weltall und auf Erden. Zeus kämpfte gegen das drachenähnliche Ungeheuer Typhoeus, das man auch »der Dampfende« nannte. Zeus erledigte die Bestie mit einem Blitz. Womit sonst?

Dieser Zeus (lateinisch: Jupiter) galt bei Homer als Vater aller Götter und Menschen. Er war »der Hochdonnernde«, der »Blitzeschleudernde«. Er vergab die Macht an die irdischen Könige. Zeus war auch der Konstrukteur eines Roboters namens Talos. Dieser Talos kreiste täglich mehrmals um die Insel Kreta und schoss alles ab, was auf dem Eiland nichts zu suchen hatte. [84] Zeus war auch der Vater von Apollon und der wiederum einer der Lehrmeister der jungen Menschheit. Apollos Hauptsitz auf Erden war Delphi, der Ort der Schulen, der Weisheit und des Orakels. Delphi selbst lag im Mittelpunkt eines phänomenalen, geometrischen Netzes, das bereits in der Antike existierte. Angelegt von irgendwelchen Göttern. (Ausführliches dazu in Quelle 83, Seite 151 ff.) Selbstverständlich beherrschte Apollo eine himmlische Barke. Mit ihr flog er jährlich ins »Land der Hyperboreer, das hinter den Nordwinden liegt«, doch auch über das Schiff *Argo* mit seiner Besatzung, den Argonauten. [84]

Alles menschliche Fantasie? Dampfende Drachen? Kämpfe im Weltall? Fluggeräte? Roboter?

Ein anderer von Zeus Söhnen hieß Ares, lateinisch Mars. Ein kriegslustiges Wesen, das sich immer in Begleitung von Phobos und Deimos – Angst und Schrecken – bewegte. Phobos und Deimos heißen heute die beiden Marsmonde mit ihren unmöglichen Umlaufbahnen. Sie sind definitiv die seltsamsten Monde unseres Sonnensystems. Sie umrunden den Mars in fast kreisrunden Bahnen über dem Äquator, und dies schneller, als sich der Mars unter ihnen dreht. Unsere Astronomen sagen, die beiden Körper seien Bruchstücke aus dem Weltall, die einst vom Mars eingefangen wurden. Die Überlegung hat einige Haken.

Beide Marsmonde drehen sich nämlich in fast derselben Ebene über dem Marsäquator. *Ein* Bruchstück mag das zufällig tun, bei zweien wird der Zufall strapaziert. In unserer Zeit haben mehrere Satelliten die Marsmonde angesteuert und recht gute Bilder geliefert. Es handelt sich bei ihnen um kartoffelähnliche Bruchstücke mit diversen Kratereinschlägen. Aus 165 Meilen Distanz fotografierte der *Mars Reconnaissance Orbiter* auch ein seltsames, monolithähnliches Objekt mit einem klaren, rechteckigen Schatten. Dazu meinte Buzz Aldrin, der zweite Mann auf dem Mond: »There's a monolith there, a very unusual structure on this little potato shaped object that goes around Mars once every seven hours.« (»Dort steht ein Monolith, eine sehr ungewöhnliche Struktur auf diesem kleinen kartoffelähnlichen Objekt, das alle sieben Stunden einmal den Mars umrundet.«) Neben den Kratern sind auch parallel verlaufende Streifen auf der Oberfläche fotografiert worden. Wegen ihnen wurde versucht, Phobos und Deimos in niedriger Höhe zu überfliegen. Doch kein von der Erde kommender Satellit erreichte sein Ziel. Unsere irdischen Sonden »erblindeten«, bevor sie ihre Bilder zur Erde funken konnten. Jetzt haben wir zwar »Kartoffeln mit Kratern«, doch über das Innenleben der kleinen Himmelskörper wissen wir so wenig wie über ihre kuriose Umlaufbahn. Im Herbst 1972 sagte mir der damals berühmteste sowjetische Astronom, Iossif Schklowski, am Sternberg Institut von Moskau: »Ich vermute, die beiden Marsmonde sind hohl. Ihre Umlaufbahnen sind nicht natürlich.« Zudem geben die Kratereinschläge neue Rätsel auf. Es ist allgemein bekannt, dass Trümmerstücke aus dem Weltall immer wieder auf Planetenoberflächen einschlagen, die keine schützende Lufthülle aufweisen, in der zumindest die kleineren Brocken verglühen würden. Doch weshalb auf Winzlingen wie Phobos und Deimos? Die beiden verfügen weiß Gott nicht über die Anziehungskraft von Planeten oder größeren Monden. Man wird den Eindruck nicht los, als sei einst ein unglaubliches Trommelfeuer von Gesteinsbrocken durch unser Sonnensystem geflogen. Woher kam es? Was war die Ursache? Ein Krieg der Sterne, wie ihn Zeus (und andere!) ausfochten? Und war Ares, der Sohn von Zeus, der die Marsmonde Phobos und Deimos schuf, nicht ein Kriegsgott?

Auch Aphrodite (lateinisch: Venus) oder Hermes (lateinisch: Mercurius) waren Kinder von Zeus. Die Menschen dichteten ihnen fantastische Geschichten an – doch der Ursprung all dieser Mythen bleibt im Dunkeln. Vom Wortstamm her enthält das griechische Wort »myein« die Bedeutung »Geheimnisvolles«. Was Homer über die Götter schrieb, war bereits zu seiner Zeit das Ergebnis einer sehr langen Entwicklung. Zwar waren die Götter in den Augen der Menschen übermenschlich – und trotzdem menschenähnlich. Sie lebten ihrerseits in einer Art von nicht-irdischem Staat. Sie nahmen keine menschliche Nahrung zu sich, sondern aßen Ambrosia, die Himmelsspeise, und tranken Nektar, den Himmelstrank. »Man stellt sich die Götter als allwissend und allmächtig vor, und doch wissen sie manches nicht, was in ihrer unmittelbaren Umgebung vorgeht. Auch an Gestalt gleichen sie den Menschen, nur sind sie schöner und von edlerem Aussehen … Den Menschen zeigen sie sich entweder in ihrer wahren Gestalt oder sie verwandeln sich in menschliche Wesen …« [85]

Bis hierher verfügten die Götter über herausragende Eigenschaften:

- Sie kommen aus dem Weltall.
- Sie sind übermenschlich, aber von menschlicher Gestalt.
- Sie sind uns technisch weit voraus. Sie besitzen Fluggeräte, Roboter, Blitzwaffen, Marsmonde.
- Sie nehmen keine irdischen Speisen zu sich.
- Ihre Gestalt ist schöner als die unsrige. Sie können sich verwandeln.

Und woher kommt der Mensch? In fast allen Überlieferungen wurde er durch himmlische Wesen erschaffen. Der griechische Mythos meldet, einst sei Prometheus, ein Sohn des Titanen Iapetos, vom Himmel zur Erde gestiegen. Das Wort »Prometheus« bedeutet »der Vorausdenkende«. Dieser Prometheus besaß das Wissen der Götter, ihm war auch bekannt, wie man den Samen des Himmels auf die Erde verpflanzen konnte. So nahm er auf der Erde Ton, befeuchtete ihn und schuf daraus ein Gebilde »nach dem Ebenbilde der Götter«. [85] Von den Tieren entlehnte Prometheus die guten Eigenschaften und schloss sie in die Brust des Menschen.

Eigenschaften von Tieren sollen auf Menschen übertragen worden sein? Schwingt da nicht eine Urerinnerung an eine künstliche Mutation mit? Die Veränderung der Basenreihenfolge im DNS-Molekül?

Die ersten Menschen, so die griechische Mythologie, begriffen nichts von ihrer Umwelt. Sie liefen herum wie Traumgestalten, sie kannten weder Kunst noch Technik. »Da nahm sich Prometheus seiner Geschöpfe an: Er lehrte sie, den Aufgang und Niedergang der Gestirne zu beobachten, erfand ihnen die Kunst des Zählens, die Schrift …, doch auch den Schiffsbau …, und für alle übrigen Fälle des Lebens belehrte er den Menschen …« [85] Prometheus unterwies die Menschen auch in Astronomie, Metallurgie und allen möglichen Wissenschaften.

Nichts anderes berichteten weitere, zum Teil unbekannte Autoren aus jener unverständlichen Zeit. Diodor von Sizilien (Diodorus Siculus) beispielsweise, der Historiker aus dem 1. Jahrhundert vor Christus, bereiste die damalige Welt 30 Jahre lang und besuchte alle antiken Bibliotheken. Sein Geschichtswerk umfasst 40 Bände. Im 2. Buch schrieb er, die ersten Menschen hätten buchstäblich alles von den Göttern gelernt. Sei es Astronomie, Metallurgie, Straßen- oder Häuserbau, die Kunst des Schreibens, die Heilkunde oder was auch immer. All dies musste in einer sehr frühen Zeit geschehen sein, denn es waren die Götter, die den Menschen beibrachten, »sich nicht gegenseitig aufzufressen«. [86] Wann waren unsere Vorfahren noch Kannibalen?

Prometheus war auch derjenige, der den Menschen das Feuer brachte. Dazu nahm er einen langen Stängel des Riesenfenchels, hielt ihn an den vorüberfahrenden Sonnenwagen und setzte auf diese Weise den Fenchel in Brand. Bald schon loderten auf der Erde die ersten Feuer. Der Obergott Zeus empfand dies als Verrat. Er ließ den armen Prometheus an eine Felswand des Berges Kaukasus nageln. In der christlich-jüdischen Mythologie entfachte Luzifer einen Streit »im Himmel«, widersetzte sich mit seinen Heerscharen dem Befehl Gottes. Luzifer wurde aus dem Himmel verstoßen und brachte der Erde das Feuer. Lateinisch »lucem ferre« = Feuer tragen.

Alles nur dumme Geschichten? Mythen eben? Vor 140 Jahren schrieb der hochgeachtete Philologe Prof. Dr. A. Wollheim, der sich ein Leben lang mit den uralten Überlieferungen befasste: »Derjenige hat keine Ahnung von der Bedeutung der Mythen, der hier nur unsinnige Fabeln und schöne Allegorien erblickt. Die Mythe ist etwas ganz anderes: *Sie ist der erhabenste Ausdruck der erhabensten Wahrheiten. Und weit mehr: Sie ist auch die Urgeschichte der Menschheit.*« [87]

Weit, weit weg von Griechenland liegt Polynesien. Darunter versteht man die rund 50 Millionen Quadratkilometer Ozeaniens – von Hawaii im Norden bis Neuseeland im Südwesten und der Osterinsel im Südosten. Alles ist Polynesien – im Volksmund verträumt »Südsee« genannt. Auf dieser Inselwelt wimmelt es von uralten Überlieferungen, die – wie könnte es anders sein – im Grunde denselben Inhalt vermitteln wie in Griechenland. Der sogenannte Entstehungsgesang der Maori in Neuseeland besingt den Schöpfergott:

»Jo atmete im Raum der Unendlichkeit. Das Universum war in Dunkelheit. Es gab keinen Schimmer von ›unten‹, von Klarheit, von Licht …« [88]

Wie überall begann Jo Licht zu schaffen, Wasser und Erde entstehen zu lassen, dann Tiere und schließlich das erste Menschenpaar. Die waren Abbilder der kosmologischen Urgötter. Erschaffen nach ihrem Ebenbild. Nichts anderes wissen die Ureinwohner der Marquesas-Inseln. Die liegen südlich des Äquators, 1600 Kilometer nordöstlich von Tahiti. (Politisch gesehen gehören die Marquesas-Inseln zu Französisch-Polynesien.)

»Am Anfang war das Weltall im hohen Himmel. Tanaoa lebte im Himmel …, es gab keine Stimme, es gab keine Musik. Nichts Lebendiges bewegte sich. Es gab keinen Tag, es gab keine Nacht. Es gab nur schwarze, schwarze Dunkelheit …« [89]

Auf der Insel Samoa heißt der Urgott, der selbstverständlich aus dem Weltall kam, Tagaloa. Wie überall auf Polynesien wird zuerst die Leere des Alls beschrieben. Es existierte nur »Chaos«, kein Licht, keine Erde, kein Land, kein Meer, nichts, worauf etwas wachsen konnte. Aus der Unendlichkeit des Weltalls sei er gekommen, der große Tagaloa. Er habe Lichter über die Erde gesetzt, eines für den Tag, ein anderes für die Nacht. Land und Wasser habe er entstehen lassen. Dann die Saat ausgesät und Fische, doch auch Tiere auf dem Land geschaffen. Es gibt, so überliefern es die Ureinwohner von Samoa, neun verschiedene Himmel – und alle sind bewohnt. Tagaloa setzte Herrscher über die verschiedenen Himmel ein, doch auch Botschafter zwischen den Himmeln:

»Dann sprach Tagaloa, der Schöpfer, zu Tagaloa-le-fuli: ›Komm her, ich ernenne dich zum Chef der Himmel.‹ Dann sprach Tagaloa, der Schöpfer, zu Tagalos-savali, dem Botschafter: ›Komm her, du sollst Botschafter zwischen allen Himmeln sein. Beginnend mit dem achten Himmel bis zum ersten Himmel. Sie sollen sich alle im neunten Himmel versammeln, wo Tagaloa-le-fuli herrscht.‹« [90] Man erfährt, dass viele Sterne bewohnt seien. Doch dies steht auch in zahlreichen anderen Urüberlieferungen. (Ich komme darauf zurück.)

In den Entstehungsmythen von Hawaii gibt es gleich drei Schöpfergötter: Kane, Ku und Lono. Jeder verfügte über andere Eigenschaften, doch ausnahmslos kamen alle aus dem Weltall.

»Und die wandernden Sterne – und die unbetretbaren Sterne – und die wandernden Sterne von Kane, unzählbar sind die Sterne, die großen Sterne, die kleinen Sterne, die roten Sterne von Kane. Oh unendliches Weltall. Der große Mond von Kane, die große Sonne von Kane, sich drehend, sich bewegend im riesigen Weltraum …, und sie erschufen den Menschen nach dem Ebenbild von Kane.« [91]

Kein einziger Mythos ist durch die weißen Eroberer nach Polynesien gelangt. Es waren nicht die christlichen Priester, die die Ureinwohner mit ihrem Wissen belehrten. Alle Überlieferungen existierten bereits *vorher.* Im weiten Raum der polynesischen Entstehungsmythen existierten Jesus oder andere Gestalten des christlichen Glaubens nicht. Auch keine Figuren aus dem Alten Testament, wie etwa Abraham oder Moses. Die alten Geschichten wurden seit unzähligen Generationen erzählt, bevor es zum Kontakt mit den Weißen kam. Und überall beginnen die Erzählungen mit dem endlosen Weltall. Irgendein Gott oder mehrere Götter bewegten sich in der Schwärze des Universums. Es gab weder oben noch unten, weder Licht noch Schatten. Die Götter verbrachten eine sehr lange Zeit in dieser Schwärze, bis sie endlich das Licht einer Sonne berührten. Etwas ausführlicher wird der Weg der Götter zur Erde in den Überlieferungen von Kiribati beschrieben. Kiribati ist der Sammelname für eine Inselgruppe, die sich nördlich und südlich des Äquators hinzieht. Die Inseln gehören sowohl zu Mikronesien wie Polynesien. Vor 35 Jahren verbrachte ich einige Tage in der erstaunlich gut bestückten Bibliothek von Bairiki, einem Dorf auf der Hauptinsel von Kiribati. Dort studierte ich die Legenden buchstäblich vor Ort.

Am Anfang, vor langer, langer Zeit, gab es den Gott Nareau, den Schöpfer. Niemand weiß, woher er kam, niemand weiß, wer seine Eltern waren, denn Nareau flog allein und schlafend durch das Weltall. Im Schlaf hörte er, wie dreimal sein Name gerufen wurde, doch der, der ihn rief, war ein »Niemand«. Nareau erwachte und sah sich um. Da war nichts als Leere, doch als er unter sich blickte, erkannte er ein großes Objekt. Es war Te Bomatemaki – was »Erde und Himmel gemeinsam« bedeutet. Nareaus Neugierde ließ ihn herniederfahren, und vorsichtig betrat er Te Bomatemaki. Dort gab es kein Lebewesen, auch keinen Menschen, nur ihn, den Schöpfer. Viermal umrundete er die von ihm entdeckte Welt von Nord nach Süd, von Ost nach West – und er war allein. Schließlich grub Nareau ein Loch in Te Bomatemaki, füllte es mit Wasser und Sand, mischte beides zu Fels und befahl dem Fels, Nareau Tekikiteia zu gebären. So entstand auf Weisung des Schöpfers Nareau Tekikiteia, was »Nareau der Weise« heißt.

»Nareau der Schöpfer« herrschte nun über Te Bomatemaki, während »Nareau der Weise« in der Erde war. Dann schuf Nareau der Weise die ersten vernunftbegabten Wesen.

»Und als die Arbeit getan war, sagte Nareau, der Schöpfer: ›Genug! Es ist getan! Ich gehe, um nicht mehr zurückzukehren.‹ Und kein Mensch weiß, wo er sich seither aufhält.« [92, 93]

Dieses alte Gedankengut lässt sich mit heutigen Augen betrachtet in vernünftiger Weise neu interpretieren. Da fliegt irgendwer allein und schlafend durchs All, bis er von einer Stimme, die ein »Niemand« war, geweckt wurde. Ein Astronaut liegt im Tiefschlaf. Die Bordüberwachung registriert ein Sonnensystem mit Planeten. Der Astronaut wird vom Computer, einem

»Niemand«, geweckt. Unter sich, nämlich dort, wo die Anziehung eines Himmelskörpers wirkt, bemerkt er ein großes Objekt. Die Erde. Wieder im Besitz seiner Kräfte, beschließt der Pilot eine Landung auf dem fremden Planeten. *(»Nareau reckte seine Glieder, er wollte wissen, was es für ein Objekt war …, er fuhr hernieder und stand vorsichtig darauf.«)* Als Nächstes umfliegt der Astronaut den neuen Planeten von Ost nach West und von Nord nach Süd. Er findet keinerlei Leben und beschließt, Lebenskeime auszusetzen. *(»Es gab damals noch keine Geister und keinen Menschen, sondern nur den mächtigen Nareau. Er lief viermal um die Welt herum … und stellte fest, dass keinerlei Leben da war.«)*

Der Mythos weiß nicht, auf welche Weise Nareau das Leben gedeihen ließ. Vielleicht waren die Vorgänge zu verwirrend, um verstanden zu werden. *(»Nareau bohrte ein Loch in die Erde und füllte es mit Sand und Wasser. Mischte beides zu Fels …, befahl der Erde zu gebären. So entstand ›Nareau der Weise‹.«)*

Die Charakterisierung »der Weise« könnte für »Geist«, »Beseeltheit«, »lebendig« stehen. Wo eben noch Leere herrschte, beginnt jetzt das Leben zu sprießen. Nun wirkten zwei Schöpfungselemente: »Nareau der Schöpfer« allen Seins, und »Nareau der Weise« für den Beginn der irdischen Entwicklung. *(»Nareau der Schöpfer war jetzt über Te-Bomatemaki, während Nareau der Weise in der Erde war.«)*

Ein kleiner Unterschied zwischen dem Hauptgott Kiribatis und anderen Supergöttern ist mir aufgefallen. Nareau ging, *»um nicht mehr zurückzukehren«.* Andere Himmlische – Osiris (Ägypten), Quetzalcoatl (Mexiko), Gesar (Tibet), Nommo (Mali, Afrika) etc. – versprachen ausdrücklich ihre Wiederkunft.

Eine Inselkette im Südpazifik sind die neuen Hebriden. Die Ureinwohner von Malekula (einer der Inseln) berichten, vor langer Zeit sei Barakulkul mit fünf seiner Brüder vom Himmel gekommen. Dies in einer Kokosnuss, die sich von selbst öffnete. [94] Dem entspricht die Geschichte der Fidschi-Inseln. Dort nämlich kamen die ersten Menschen aus einem glänzenden Ei, das die Wolkenschlange Ndegei auf die Erde geworfen habe. [95] Bei den Mikronesiern waren der Himmel und die Erde vor langer Zeit mit Seilen verbunden. Einmal wollten die beiden Brüder Tawaki und Karihi den Himmel besuchen. Deshalb begaben sie sich an den Ort, wo die Seile vom Himmel hingen. Einem der Brüder gelang es auf diese Weise, die himmlischen Gefilde zu erreichen. Und einer der hawaiianischen Götter, Lono mit Name, verließ die Erde in einem Wolkenschiff. Dies mit dem ausführlichen Versprechen, in einer fernen Zukunft wiederzukehren. Dasselbe gilt für die Jünglinge Punifanga und Tafalin, beide aus Samoa, die »im Rauch eines mächtigen Feuers hinaufgetragen wurden«. [96] Dies erinnert augenblicklich an Quetzalcoatl/Kukulkan, die gefiederte Schlange Zentralamerikas. Ob bei den Maya, den Azteken oder noch früher bei den Olmeken, sie alle kannten die gefiederte/geflügelte Schlange, die vom Himmel kam und aus der die ursprünglichen Lehrmeister gestiegen waren.

Prof. Dr. Johannes Andersen, der wohl beste Kenner aller Mythen Polynesiens, Autor eines 500-seitigen Werkes darüber, hält fest: »Es existieren unzählige kosmologische Varianten über den Ursprung der Stammeltern … Mehrfach wird über die Ausdehnung des Weltalls berichtet und über die Unendlichkeit des Universums.« [88]

Eigentlich nicht verwunderlich, könnte man meinen, denn die Südsee-Inseln sind winzige Flecken in den Weiten des Pazifischen Ozeans. Die Eingeborenen starrten Nacht für Nacht nach oben, beobachteten den Lauf der Gestirne und entwickelten ihre Träumereien. Doch weshalb erdachten sie dieselben oder zumindest ähnliche Entstehungsgeschichten wie die Menschen in Ägypten, Sumer, Amerika, Australien oder China? Psychologen wie C.G. Jung entwickelten die Idee eines gemeinsamen Urbewusstseins. Selbst wenn es dieses Urbewusstein gäbe, wo liegt der Startpunkt? Schließlich müsste auch dieses Urbewusstsein in irgendeinem Gehirn entstanden sein. Durch welche Eingebungen, welche Einflüsse, welche Erlebnisse? In meinen Vorträgen und Büchern muss ich immer wieder darauf hinweisen, dass es sich bei diesen Urerinnerungen *nicht* um Ereignisse aus der Natur handeln kann. Weshalb nicht? Steinzeitmenschen erlebten Naturkatastrophen aller Art: Erdbeben, Sonnenfinsternisse, Vulkanausbrüche, Blitz und Donner. Daraus entstanden die ersten Naturreligionen. Doch die Götter, die von den Sternen kamen, sind damit nicht vergleichbar, weil sie *Informationen* lieferten. Sie wirkten als Lehrmeister. Sie instruierten die Menschen in vielen Bereichen der Naturwissenschaften und Technik. Überliefert von sämtlichen antiken Historikern. Die Naturgewalt nimmt keinen Menschen »in den Himmel« – ins Raumschiff – und unterweist sie so:

»Menschensohn, blicke hinaus. Siehst du jenes kleine Licht dort draußen? Ihr Menschen sagt Mond dazu, doch der Mond hat kein eigenes Licht. Er bezieht sein Licht von der Sonne.« [97] Anschließend wird der Mensch über die Mondphasen informiert, doch auch über den Lauf der Sterne und der Erde um die Sonne. Inklusive Schaltstunden. Nachzulesen im Buch Henoch, Kapitel 72–75 etc. Und all dies in der Steinzeit, denn Henoch war der 7. Patriarch vor der Flut!

Da hilft keine Naturreligion weiter, kein Blitz, kein Wolkenbruch und kein Erdbeben. Es sind naturwissenschaftliche Tatsachen vermittelt worden.

Oft wurden von denselben Völkern Mythen in verschiedenen Variationen weitergegeben – was nicht verwundern darf. Die Überlieferungen existierten *vor* der Schrift. Über endlose Stafetten, von Stamm zu Stamm, von Familie zu Familie, mögen

Geschichten weitererzählt worden sein, bis endlich eine schriftliche Fixierung möglich war. Der Kern blieb trotzdem derselbe.

Eine der Samoa-Legenden weiß über den Gott Tagaloa: »Gott Tagaloa lebte im Universum. Von ihm ist alles geworden. Er war allein, es gab keinen Himmel, kein Land. Es war kein Wasser, kein Fels, weder Meer noch Erde. Sein ursprünglicher Name lautet ›Tagaloa-fa-atuputupu-nu-u‹, was bedeutet ›die Ursache der Ausbreitung‹.« [88]

Wie überall schafft dieser Urgott in der richtigen Reihenfolge die Sonne, dann Land, Wasser, Grünzeug, Fische, Landtiere und als Krönung den Menschen. Dies wird auf folgende Weise geschildert:

»Dann sprach Tagaloa zum Felsen; und Lua'o, ein Knabe, kam heraus. Dann sprach Tagaloa wieder zum Felsen; und Lua-vai, ein Mädchen, trat heraus. Tagaloa brachte die beiden zusammen …, dann machte Tagaloa den Geist, das Herz, den Willen und die Gedanken … Dann sagte Tagaloa, der Geist, das Herz (Gefühl?), der Wille und die Gedanken mögen im Menschen zusammenkommen. Und sie vereinigten sich, und der Mensch war intelligent.« [88]

Bei der Erschaffung des Menschen hatten die Götter immer ihre Hände im Spiel. Doch soweit mir bekannt ist, berichtet kein einziger der Erschaffungsmythen, der Mensch stamme von Affen ab, oder irgendwelche himmlischen Wesen hätten den Menschen aus dem Schimpansen geformt. Oh ja – von Verbindungen zwischen Göttern und Menschen ist oft die Rede, aber nicht von solchen zwischen Mensch und Affe.

Oft verbanden die Menschen Polynesiens ihre uralten Geschichten mit bestimmten geografischen Punkten. So gilt der alte Tempel von Te-Mahara auf der Insel Raivavae (Französisch-Polynesien) heute noch als der Punkt, an dem der Gott Maui nach seinem Weltraumflug landete. [98] Dasselbe behaupten die

Ureinwohner von Ati Ona, einer der Inseln der Marquesa-Gruppe. Der kleine Berg Kei Ani wird als Heiligtum betrachtet, obschon dort kein Bauwerk steht. Ursprünglich hieß der Berg »Mouna-tuatini-etua«. Wörtlich: »Berg, auf dem die Götter landeten.« [99] Und natürlich – wie könnte es anders sein! – errichteten auch die »Südsee-Insulaner« Tempel zu Ehren ihrer himmlischen Lehrmeister. Diese rechteckigen Bauten werden Marae genannt und sind auf vielen Inseln Polynesiens anzutreffen. Das Marae Tooarai auf Tahiti ist eine regelrechte neunstufige Pyramide, jenes von Raiatea (Französisch-Polynesien) ein aus Monolithen zusammengesetztes Rechteck. Und auf der kleinen Insel Borabora, die nur gerade einen Umfang von 14 Kilometern aufweist, stehen gleich mehrere, allerdings kleine Maraes. Nirgendwo fand ich in Stein gehauene Skulpturen, keinerlei Götterdarstellungen wie beispielsweise auf den Maya-Pyramiden in Mexiko. Einfach nur simple Terrassen oder Plattformen als Erinnerung und Warteräume für die Götter.

Reinhard Habeck, grundehrlicher Forscher und Autor vieler Bücher zum Thema der Außerirdischen, wies in einem Beitrag für das Magazin *Ancient Skies* (heute: *Sagenhafte Zeiten*) auf einen »Kuhstall Gottes« hin. [100] Dabei ging es um ein kreisrundes Holzhaus, errichtet von einem Dinka-Stamm im oberen Sudan. Trotz eines beachtlichen Durchmessers von zwölf Metern blieb der Rundbau innen leer. Er diente als Heiligtum zu Ehren eines Gottes namens Mayual, der von dieser Stelle aus zum Himmel gefahren sein soll.

Viele Völker verehrten ihre Götter an Orten, die später zu Heiligtümern wuchsen. Dies betrifft den Großteil der gigantischen Tempel aus der Antike. Sie entstanden überall dort, wo die Götter einst direkt wirkten. Die älteste Maya-Stadt, Tikal, steht im heutigen Guatemala. Doch gegründet wurde sie nur deshalb, weil hier einst »der Herrscher der Himmelsfamilie« hernieder-

Bild 11: Das Marae von Arahurahu auf Tahiti besteht aus mehreren Terassen

Bild 12: Das Marae von Raiatea in Französisch-Polynesien, ein ehemaliger Landeplatz der Götter

gestiegen war. So steht es auf einer kleinen Maya-Schriftplatte, der sogenannten Leiden-Platte, die heute im Museum von Leiden, Holland, liegt. Ein anderer dieser uralten Orte, 20 Kilometer östlich des Euphrat (südlich von Bagdad, Irak) hieß Uruk (hebräisch: Erech, griechisch: Orchoi, römisch: Orchoë), heute Warka. Uruk existierte schon im 4. Jahrtausend vor Christus und ist der Ort der ältesten Schriftfunde, darunter des sumerischen Textes »Bilgamesch und Akka« (nicht Gilgamesch). Die Keilschrift berichtet über einen Tempelbau, der zu Ehren des »An, der vom Himmel herabgestiegen ist«, errichtet wird. Das Bauwerk entstand dort, »wo eine Wolke sich auf der Erde ausbreitet …, wo von der Erde gestartet wird …, wo die Herrlichkeit des An von der Erde aus starte …« Übersetzt wurde das Epos von Dr. Hermann Burgard. [101]

In Uruk residierten ursprünglich der Gott Enlil und die Himmelsgöttin Inana. Sie hielten »das Band zwischen Himmel und Erde« aufrecht. [102] Der geografische Raum, in dem sich das Unverständliche abspielte, ist ein Klacks auf dem Globus. Das Zweistromland Euphrat und Tigris, der Heimatboden der früheren Chaldäer, der Sumerer und Babylonier liegt nur eine Flugstunde von Ägypten entfernt. Deshalb gehört eine kleine Querverbindung aus meinem Buch *Götterdämmerung* hierher: [8]

In den Pyramidentexten von Unas aus der dritten ägyptischen Dynastie begegnet der Forscher immer wieder Sprüchen (sogenannten »Utterances«), in denen der Pharao wortwörtlich in einer Himmelsbarke mitfliegt:

(Utt. 267) »Eine Treppe zum Himmel ist für mich aufgestellt … und ich stieg hoch auf dem Rauch des großen Gefäßes. Ich fliege hoch wie ein Vogel und leicht wie ein Käfer auf dem leeren Thron deiner Barke, oh Re. Und ich darf auf deinem Platz sitzen und donnere über den Himmel, oh Re. Ich darf in deiner Barke vom Land abheben …«

(Utt. 434) »Du hast jedem Gott, der eine eigene Barke besitzt, geholfen, damit sie sich am Sternenhimmel einrichten …«

(Utt. 584): »Die Türen des, die im Firmament sind, wurden für mich geöffnet, die Metalltüren liegen offen für mich …«

Es existieren viele dieser Sprüche, doch unser verwirrter Zeitgeist machte daraus Wunschvorstellungen. Die Priester hätten sich Fahrten des Pharaos nach dem Tod vorgestellt. Das ist nichts weiter als wissenschaftlich missverstandener Unsinn. Unsere emsigen Ägyptologen kennen die Querverbindungen zum alten Indien nicht. Auch dort wurden Führer der Menschen mit fliegenden Fahrzeugen, sogenannten Vimanas, herumkutschiert. Beispiele gefällig?

»›Schneller Matali!‹, sprach Indra. ›Beeil dich mit meinem Himmelswagen.‹ … Matali lenkte den Wagen, der wie die Sonnenstrahlen leuchtete, an den Ort, wo Rama auf seine Feinde traf. ›Nimm diesen Himmelswagen‹, rief Matali Rama zu …, eingekleidet in himmlische Stoffarten, bestieg Rama den Wagen und warf sich in die Schlacht, wie menschliche Augen sie nie zuvor erblickt hatten …« [103]

»Während Kalki noch spricht, kommen vom Himmel herab zwei sonnengleich strahlende, aus Edelsteinen aller Art bestehende, sich von selbst bewegende Wagen angefahren, von strahlenden Waffen beschirmt.« [104]

»Also setzte sich der König … in den himmlischen Wagen. Sie erreichten die Weite des Firmaments … Der Himmelswagen umflog die Erde über die Ozeane in Richtung der Stadt Avantis, wo gerade ein Fest stattfand … Nach dem kurzen Zwischenhalt startete der König wieder unter den Augen von unzähligen Schaulustigen, die den Himmelswagen bestaunten.« [104]

Zimperlich waren diese Götter im Übrigen nie. Die irdischen Herrscher belieferten die »himmlischen« Wesen mit Gold und Diamanten. Als Gegenleistung wurden sie beschützt:

»Darauf flog Hor-Hut zum Firmament empor in Form einer großen Sonnenscheibe mit Flügeln daran …, als er von der Himmelshöhe die Feinde erblickte, stürmte er so gewaltig auf sie ein, dass sie ihn weder sahen noch hörten. In einem kurzen Zeitraum war kein lebendes Haupt mehr vorhanden. Hor-Hut, bunt-farbig glänzend, kehrte in Gestalt als große, geflügelte Sonnenscheibe in das Schiff des Ra-Harmachis zurück.« [105]

Im Altertum wimmelt es von Geschichten über fliegende Fahrzeuge. Die emsigen Kritiker haben keine Ahnung davon. König Salomon schenkte seiner Geliebten, der Königin von Saba, einen Flugwagen: »Er gab ihr alle wünschenswerten Herrlichkeiten … und Gefährte, mit denen man auf dem Lande fuhr, *und einen Wagen, der durch die Lüfte flog,* den er gemäß der ihm von Gott verliehenen Weisheit angefertigt hatte.« [106, *Kebra Negest,* Kap. 30] Sogar über die Geschwindigkeit von Salomons Flugwagen wissen wir Bescheid: »Der König und alle, die seinem Gebote gehorchten, sie flogen auf dem Wagen ohne Krankheiten und Leiden, ohne Hunger und Durst, ohne Schweiß und Ermüdung, *indem sie an einem Tag eine Wegstrecke von drei Monaten zurücklegten.«* (*Kebra Negest,* Kap. 58)

Das waren Tatsachen. Überliefert vor Jahrtausenden. Dass unsere fleißigen Ägyptologen und Sumerologen daraus Legenden machten, ist durchaus verständlich. Der Zeitgeist war noch nicht reif für die logischen Konsequenzen. Doch inzwischen lassen sich die Querverbindungen aufzeigen, die Exegese – die Deutung – steht nicht mehr isoliert in einem geografischen Raum. Mythen sind *»der erhabenste Ausdruck der erhabensten Wahrheiten, und weit mehr; sie sind die Urgeschichte der Menschheit.«* So Prof. Dr. A. Wollheim vor 140 Jahren. [87]

Akzeptiert man in nur einem einzigen Beispiel die Gleichsetzung Götter = Außerirdische, so werden die Entstehungsmythen schlagartig klar. Von Griechenland über Polynesien bis hin zum eifersüchtigen Gott des Alten Testaments. Und diese simple Erkenntnis wirft auch Licht auf bestimmte Bautechnologien der Frühgeschichte. Einmal akzeptiert, geht eine Erleuchtung um die Welt.

Selbst der Boden von Kiew, der Hauptstadt der Ukraine, war vor Jahrtausenden der Landeplatz eines Gottes: Perun. Im Kiewer Stadtzentrum liegt der Starokyiver Berg. Bis zum 9. Jahrhundert stand dort ein Kultbau zu Ehren von Perun, der einst exakt an dieser Stelle »in einer Feuersäule vom Himmel herabstieg«. [107] Wie Zeus in Griechenland oder Odin in Germanien galt Perun als »Gott des Blitzes«, der mit einem Himmelswagen die Erde umkreiste. Ursprünglich umfasste das Heiligtum für diesen fliegenden Gott eine Fläche von 10 000 Quadratmetern. Dies ergaben archäologische Untersuchungen in Kiew. [108] Mit der Christianisierung wurden die meisten antiken Heiligtümer zerstört. Dies (beinahe) weltweit.

Über die himmlischen Wesen, die in präinkaischer Zeit mit silbernen und goldenen Eiern aus dem Universum kamen, sind wir recht gut informiert. Sowohl in Süd- als auch in Zentralamerika waren bald nach den ersten Eroberern Priester in die neu entdeckten Länder gereist. Sie sollten die Eingeborenen christianisieren. Doch die bärtigen und nicht gerade gut riechenden Geistlichen notierten auch, was die Eingeborenen ihnen über ihre Götter erzählten. Aufgeschrieben vor über vier Jahrhunderten, als in unseren Köpfen noch keine Fliegerei existierte. Berichtet wurde über »goldene und silberne Eier, aus denen die Lehrmeister, die himmlischen Adeligen, gestiegen waren«. [109, 110]

Der spanische Chronist Pedro Simon schreibt, ein Priester des Chibcha-Stammes habe ihm über den Anfang aller Dinge Folgendes erzählt:

»Es war Nacht. Noch gab es irgendetwas von der Welt. Das Licht war in einer großen ›Etwas-Hütte‹ verschlossen und kam daraus hervor. Diese ›Etwas-Hütte‹ ist ›Chiminigagua‹, und sie barg das Licht in sich, damit es herauskam. Dann begannen die Dinge zu werden.« [111]

Die Chibcha sind ein Indiostamm, der im Hochland und in den Tälern der kolumbianischen Ostkordillere lebt. Logischerweise verstanden sie nichts von einer außerirdischen Technologie. Also wurde aus dem Raumschiff eine »Etwas-Hütte«. Nicht anders auf der fernen Osterinsel. Die Urgötter wurden als »Herren des Universums« verehrt. Unter ihnen ist Make-Make, der Bewohner der Luft. Sein Symbol ist das Ei. [112] Und Tausende von Kilometern entfernt, im Hochland von Tibet, dasselbe. In den sogenannten Büchern des *Kandschur* und *Tandschur* wird eindeutig von »Perlen am Himmel« berichtet, doch auch von »gläsern leuchtenden Kugeln«, aus denen die Götter stiegen. [113] *Kandschur* und *Tandschur* sind keine eigentlichen Bücher, sondern Folianten, in denen die heiligen Texte des Lamaismus festgehalten sind. Der Begriff »Tandschur« bedeutet »übersetzte Lehre« und ist ein Kommentar zum *Kandschur.* Niemand kennt ihr ursprüngliches Alter.

Verblüffend ist immer wieder die Ähnlichkeit der Inhalte von heiligen Büchern, auch wenn die jeweiligen Autoren nichts voneinander erfahren konnten. So wollen die Eskimo wissen, dass ihre Ur-Ur-Ur-Väter einst mit »fliegenden Häusern« ins heutige Alaska gekommen seien. [114] Und die Tungusen, ein Volksstamm in Sibirien, behaupten, ihr erstes Götterpaar sei »in einer silbernen Gondel vom Himmel herabgestiegen«. Exakt so überliefert vom berühmten Polarforscher Fridtjof Nansen in seinem Buch *Auf Schneeschuhen durch Grönland.* [115] Das Werk erschien 1891, wiederum zu einer Zeit, als Flugzeuge noch unbekannt waren.

So geht das weltweit. Im alten Ägypten galt Nun als das endlose Sternenmeer, aus dem der Urgott Osiris einst mit einem goldenen Schiff gekommen war. [116] Göttergerecht stieg seine Gemahlin Isis mit einer silbernen Barke vom Sirius zu den Menschen herab. Osiris und Isis, das himmlische Paar von Orion und Sirius. Nicht anders in Nippur, der jahrtausendealten sumerischen Stadt. Der Ort heißt heute Nuffar und liegt rund 180 Kilometer südöstlich von Bagdad. Dort standen einst Stufenpyramiden zu Ehren von Enlil und Ninlil. Wie in Uruk wurden auch in Nippur Plättchen aus Lapislazuli (= Lapis, ein blau glänzendes Mineral) gefunden, auf denen die beiden Götter gepriesen werden, »weil sie das Band zwischen Himmel und Erde aufrechterhalten«. [117] Warum nur steht Ähnliches im finnischen Nationalepos *Kawelala*? Der hohe Norden hat geografisch gesehen weiß Gott nichts mit Bagdad, das in südlichen Gefilden liegt, am Hut. Die Finnen wissen von einem »Flammenvogel«, der die Weisheit vom Himmel brachte, doch auch am Firmament in Kämpfe verwickelt wurde. [118]

Hip-hop um den Erdball. Kulturen, die nie zusammenkamen, nie voneinander hörten, berichten über ähnliche Ereignisse, die sich ausnahmslos in einer dunklen Zeit abspielten, als es noch keine Schrift gab. Nur erstaunt darüber zu sein, ist etwas wenig. Es gilt, Konsequenzen zu ziehen. Die Menschen erlebten die Niederkunft ihrer Urgötter aus dem Weltall. Als es endlich eine Schrift gab, wanderten ihre Erinnerungen auf Tontafeln, Palmblätter und Holzleisten, wurden später zu in Stein gemeißelten Skulpturen. Die Erlebnisse der altehrwürdigen Vorfahren sollten für ewig unvergesslich bleiben. So wuchsen sie zu Bestandteilen des Kulturgutes, der Religionen und wurden als Volkstänze oder priesterliche Gesänge zelebriert. Das Gewaltige von ehedem, das Rätselhafte der himmlischen Lehrmeister sollte nie mehr aus dem Gedächtnis verschwinden. Schließlich hatten jene Götter versprochen, dereinst wiederzukehren. Mich wundert nichts mehr. Die Götter waren Besucher von fremden Sonnensystemen. Was sonst? Bei Moses wird die Niederfahrt Gottes mit folgenden Worten beschrieben: »Der Berg Sinai aber war ganz in Rauch gehüllt, weil der Herr in Feuer auf ihn herabgefahren war. Und der Rauch stieg von ihm auf wic von einem Schmelzofen, und der ganze Berg erbebte stark.« (2. Mos. 18, 19)

Was machten wir daraus? Religion. Die Nichtwissenwollenden stänkern, es habe sich nur um einen Tropensturm oder einen Vulkanausbruch gehandelt – und unterdrücken, dass der phänomenale Tropensturm oder Vulkanausbruch präzise Anweisungen lieferte. Es ist Information geflossen. Gott hat gesprochen. Die Gläubigen wiederum sehen dahinter den echten, einzigen Gott. Als ob das Wesen Gott, der grandiose Geist der Schöpfung, sich unter dem Trilliardenheer von Planeten um eine lächerliche Welt namens Erde, und darauf auch noch um eine kleine Volksgruppe, kümmern würde. Noch toller: auf diesem unbedeutenden Planeten mit einem Vehikel herumrasen würde, das mit »Rauch und Feuer« auf einen Berg herniederfährt und diesen zum Erglühen bringt. Wobei derselbe »Gott« vor seiner Landung zusätzlich noch Anweisung gab, zur Sicherheit einen Zaun um den Berg zu errichten, damit das Volk nicht vernichtet werde. Alle bisherigen Erklärungsversuche, egal wie klug und tiefsinnig sie gemeint sein mochten, gehen in die Leere. Die Tatsachen bestimmen die Erkenntnis – nicht das religionspsychologische Wunschdenken.

Welche Tatsachen? Die der weltweiten Tempel zu Ehren der Götter. Teotihuacán in Mexiko, der Ort, »an dem die Götter beratschlagten«, der Ort auch, »an dem die Götter beerdigt sind«. [119] »Während der Nachtzeit, als die Sonne noch nicht schien, als es noch keinen Tag gab, da versammelten sich die Götter an dem Ort, den man Teotihuacán nennt.« Und dieses Teotihuacán ist nicht irgendein x-beliebiges Kaff, an dem ein paar Tempelchen stehen. Sämtliche Bauwerke an der Hauptstraße, der Avenida de los Muertes, bilden ein Modell unseres Sonnensystems. Inklusive Uranus, Neptun und Pluto, von denen die steinzeitlichen Planer nichts wissen konnten – es sei denn von den Göttern, ihren Lehrmeistern. [120] Uruk, eine von den fünf Städten Mesopotamiens, die von den Göttern gegründet wurde, war eine Nachbildung einer Himmelsstadt auf einem anderen Gestirn. [121] »In China wurde Hang-tschou, das Ling-gan oder King-se Marco Polos, ›Himmelsstadt‹ genannt. Sie glaubten, ihre Stadt sei ein Abbild jener Städte der Götter im Himmel«, schreibt der Völkerkundler Karl F. Kohlenberg. [122] Und in Peking, mitten in der Hauptstadt des chinesischen Reiches, steht der »Palast der himmlischen Kaiser«. Einfach nur so? Damit das atheistische China sich an einen »himmlischen Kaiser« erinnere?

Wie weltfremd müssen die Theologie und die vergleichenden Religionswissenschaften eigentlich sein, um die Tatsachen der alten Texte, der Mythen, der Skulpturen, der Kulte und der »himmlischen Städte« nicht unter einen Hut zu bringen? Einen Hut übrigens, der vieles abdeckt. Und alles sinnvoll erklärt.

Rom, die Heilige Stadt. Weshalb steht sie dort, wo sie steht? Einst schwängerte der Kriegsgott Mars eine Königstochter. Was sonst? Die gebar die Zwillinge Romulus und Remus. Die Kinder wurden in einen Weidenkorb im Fluss Tiber ausgesetzt (man erinnere sich an Moses im Bastkörbchen im Nil) und schließlich von einer Wölfin gesäugt. Jahrzehnte später, Romulus war längst König geworden, entführte der Gott Jupiter den Romulus in den Himmel. Ab jetzt lautete sein göttlicher Name Quirinius – und der Ort der unverständlichen Ereignisse Rom. [123]

Bei den Germanen hieß der oberste Gott Odin (auch Wotan, der Wütende). Selbstverständlich stammten seine Eltern Bos und Bestla aus dem Himmel. Im Land der Götter, in Asgard, saß er auf einem Thron und konnte sowohl die Welt der Götter wie diejenige der Menschen überblicken. Sein Kriegspferd hatte acht Beine und war das schnellste Beförderungsmittel am Firmament. Auf seinen Schultern saßen die heiligen Raben Hugin und Munin, die auf ihren Flügen alles überblickten, was auf der Erde geschah. Wie war das in Ägypten gewesen? Dem Falken Horus, einem Sohn von Osiris und Isis, entging nichts auf Erden. Das Auge des Horus wachte.

Thor (= Donar, der Donnernde) war ein Sohn von Odin und – wie so oft – eine Mischung zwischen Himmel und Erde. Thors Mutter dementsprechend die menschliche Jörd. Thors Werkzeug war ein gigantischer Hammer, der an einem magischen Gürtel hing. Zu den unzähligen Feinden, die Thor niedermetzelte, gehörte auch der Baumeister Thrym. Weshalb erschlug Thor den Thrym? Weil Letzterer die Götterburg Asgard bauen sollte, aber irgendetwas schiefging. Am Ende landeten viele Abkömmlinge der Götter in der Walhalla. [124] Und die wiederum steht an keinem zufälligen Punkt der Erde. Man nehme eine Landkarte von Deutschland und ziehe eine Linie durch die heutigen Orte Aachen, Frankfurt, Würzburg, Nürnberg und Donaustauf. Alle diese Punkte haben ihren Ursprung in der Steinzeit – und alle lassen sich durch einen schnurgeraden Strich miteinander verbinden. Nach rund 300 Kilometern Luftlinie endet die Strecke an einem Hügel hinter Donaustauf. Dort steht die Tempelanlage Walhalla. Touristen fahren heute mit dem Auto zur eindrucksvollen Säulenhalle hinauf. Der Ruhmestempel zu Ehren großer Deutscher wurde zwar erst von König Ludwig I. von Bayern (1786–1868) errichtet – doch der Sage nach befand sich in der Gegend jene ursprüngliche Walhalla, der Totentempel des Gottes Odin.

Gemeinschaften, Kulturen, Völker und alle anderen verbinden die Mythen. Nach Auffassung der ostafrikanischen Massai, die vorwiegend im Süden Kenias anzutreffen sind, lebte auf der Erde einst ein junger Mann namens Kintu, und der verliebte sich in die Tochter eines Himmelswesens, das die Erde besucht

Bild 13: Die Walhalla bei Donaustauf. Bayern, Deutschland

hatte. Der Vater gestattete, dass Kintu einige Zeit in den Himmel kam, um zu lernen. Als das Paar nun auch in den himmlischen Gefilden verliebt blieb, schickte der Vater beide auf die Erde zurück, um die Menschen in allen Belangen zu unterweisen. [123] Ganz ähnlich der Mythos der Bantu-Völker im heutigen Südafrika. Dort war der Himmelsgott Nzame auf die Erde gestiegen, um den Planeten zu untersuchen. Hier verliebte er sich in die bildhübsche Menschenfrau Mboja. Das Paar zeugte einen Sohn und nannte ihn Bingo. Über diese Kreuzung zwischen einem Himmlischen und einem Irdischen ärgerte sich der oberste Gott, und die beiden durften nicht mehr in den Himmel zurückkehren. Immerhin unterwies das Paar die Menschen in allen Belangen und wir wissen jetzt, woher der populäre Begriff »Bingo« stammt. Bingo! Die Schilluk-Stämme im Südsudan wollen wissen, dass der erste Mensch Omara ursprünglich vom

Himmel gekommen sei. Damals hätten die Menschen noch wie Wilde gelebt und sich gegenseitig totgeschlagen. Doch Omara habe sie von den Tieren entwöhnt und ihnen alles beigebracht, was sie wissen mussten. Auch habe Omara das erste Königreich auf Erden gegründet. [123]

Immer dasselbe: Die ursprünglichen Lehrmeister kamen von den Sternen. Der Stamm der Nuba lebt vorwiegend in der Mitte des Sudan und bildet die größte nicht-arabische Gruppe. Sie sind ein Volk von über einer Million Menschen, die trotzdem unterschiedliche Sprachen sprechen. Gemeinsam ist allen der Ursprungsmythos, nach dem der Himmelsgott Nuba seinem Götterboten Su einst den Befehl erteilt habe, den Menschen das Getreide zu bringen. Dazu sollte er die Getreidekörner »an einer langen Bambusstange vom Himmel auf die Erde hinablassen. Sobald die Körner auf der Erde angelangt seien, sollte der Götterbote die Trommel schlagen.« [125] (Nach anderen Versionen an einem langen Hanfseil.) Sobald der Himmelsgott nämlich die Töne der Trommel hörte, wollte er die Bambusstange wieder hochziehen, damit die Menschen daran nicht in den Himmel klettern konnten. Doch den Götterboten trieb die Neugierde und er öffnete den Getreidesack, bevor er die Erde erreichte. Jetzt fielen einige Körner hernieder, und zwar direkt auf die Trommel. Der Himmelsgott hörte die schwachen Trommelschläge und meinte, sein Bote habe die Erde erreicht. So zog er die Bambusstange rasch wieder hoch. Der Bote stürzte vollends zur Erde und mit ihm der Sack voller Körner, der, als er auf dem Boden aufschlug, aufriss. Also zeigte der Himmelsbote den Menschen die Körner und brachte ihnen bei, wie man Felder anlegt und Getreide züchtet.

An dieser Stelle taucht die Frage nach dem Ursprung bestimmter Nahrungsmittel auf. Sowohl die zentral- wie die südamerikanischen Stämme vertreten die Meinung, der Mais sei von den Göttern zur Erde gebracht worden. Und zwar ursprünglich gleich in vier Farben: gelb, weiß, rot und schwarz. Das Gleiche gilt für die Banane. Eine »Ursprungsbanane« ist unbekannt. Auch der Reis soll eine Gabe des Himmels sein, weiß der brillante Indologe Armin Risi zu berichten. [126]

Über den Stamm der Dogon in der Republik Mali, Zentralafrika, schrieb ich ausführlich in meinem letzten Buch. [76, S. 11ff.] Ihr himmlischer Lehrmeister hieß Nomo und kam vom Sternbild des Sirius. Dieser Nomo informierte die Dogon auch über das Siriussystem. Er erklärte ihnen, Sirius sei ein Doppelgestirn (heute: Sirius A + B) und im System befänden sich noch zusätzliche Himmelskörper (die unseren Astronomen noch unbekannt sind).

Südamerikanische Völker, darunter die Inka und Warrao-Stämme, wollen sogar wissen, ursprünglich hätten die Menschen selbst im Himmel gewohnt und seien von Zeit zu Zeit nur herabgestiegen, um hier zu jagen. Erst später hätten sie sich hier niedergelassen. Sie seien aber sporadisch immer wieder von ihren himmlischen Vorfahren besucht und belehrt worden. In dieselbe Richtung gehen die Berichte der Kogi-Indianer in Kolumbien. Sie leben in den Bergen auf der karibischen Seite des Landes. Ihre ursprünglichen, himmlischen Lehrmeister erschufen die ersten Menschen, unterwiesen sie in allen Belangen und besuchen sie auch heute noch. Es waren auch jene Lehrmeister, die die Menschen vor Jahrtausenden vor einer absichtlich herbeigeführten Flut warnten und ihnen den Schiffsbau befahlen. »Und die Priester, die älteren Brüder, kamen alle vom Himmel herab …« [127, 128]

Erstaunlich für einen Querdenker wie mich, denn Welten und Meere von Kolumbien entfernt wurde dasselbe überliefert. Die sumerische Königsliste WB444, heute im Britischen Museum in

London aufbewahrt, vermeldet: »Nachdem die Flut darüber hinweggegangen war, stieg das Königtum abermals vom Himmel hernieder.« Und dasselbe im *Gilgamesch*-Epos, das seinen Ursprung ebenfalls in Sumer hat. Nach der Flut stiegen die Götter vom Himmel herab.

Wer hat eigentlich noch den traurigen Mut, diese weltweite Anhäufung von Aussagen zu ignorieren? In welchem Jahrhundert leben wir eigentlich? Im 17. Jahrhundert oder im Zeitalter der globalen Kommunikation? Die Tootoosh-Indianer an der Nordwestküste Kaliforniens berichten nicht nur vom »Thunderbird« (Donnervogel), der vom Himmel gestiegen war und ihre Vorfahren unterwies, sondern sie stellen diesen Thunderbird auch heute noch in ihren Totempfählen dar. Die Hopi in Arizona – dies ist für meine Stammleser eine uralte Erfahrung – wissen selbstverständlich Bescheid über die himmlischen Lehrmeister, und ebenso selbstverständlich werden diese Lehrmeister in Form von Puppen verehrt. »Die erste Welt war Tokpela, das endlose Universum. Doch ganz zuerst, so sagen unsere Alten, war nur der Erschaffer Taiowa. Rund um ihn war unendliches Weltall. Es gab weder Anfang noch Ende, weder Zeit noch Form. Nur unermessliche Leere …« [129] So überliefert im *Book of the Hopi,* der Mythensammlung des Indiostammes, der heute in Arizona, USA, lebt. White Bear, der älteste Hopi, schilderte dem NASA-Konstrukteur Josef Blumrich, was ursprünglich geschah: »Dies ist die Geschichte meiner Ahnen und der Clans, die auf diesen Erdteil gekommen sind. Der Kontinent, auf dem mein Volk lange Zeit gelebt hatte, versank im Meer und die Menschen mussten ihn verlassen … In der ersten Welt erschuf die Gottheit Taiowa den Menschen … Er gab dem Menschen den Verstand, er gab ihm Wissen, er gab ihm alle Dinge, die er für sein Leben braucht. Und er gab ihm das Gesetz und die Pflichten, die er in diesem Weltall zu erfüllen hat.« [130]

Und als Querverbindung für die neuen Leser: Selbstverständlich wissen die Kayapo am oberen Amazonas, 8000 Kilometer von den Hopi entfernt, dasselbe und zelebrieren es in ihren Tänzen. Heute noch. Es geht also nicht nur um obskure Überlieferungen, sondern auch um vorzeigbare Belege. Totempfähle, Kachina-Puppen, Kayapó-Tänze, weltweit herniederfahrende Götter in Stein, heilige Orte, an denen die Götter einst wirkten etc. All dies nennt man Anschauungsmaterial. Bingo!

Und was machen wir? Wir leben immer noch im dumpfen, klebrigen Brei der Religionspsychologie, die für alles eine Antwort parat hat, von denen aber keine stimmt. Vor zwei Jahren sprach ich in der theologischen Fakultät einer Schweizer Hochschule. Abteilung vergleichende Religionswissenschaften. Eine ganz gewöhnliche Vorlesung in einem ganz gewöhnlichen Hörsaal mit 30 ganz gewöhnlichen Studenten. Ich referierte über die fliegenden Fahrzeuge in den altindischen Schriften, die sogenannten Vimanas. Nach mir erklärte der Fakultätsleiter, Herr Prof. Dr. XY, seinen Studenten, wie man diese Texte verstehen müsse. »Wenn ein Bursche heute mit seinem offenen Wagen über die Landschaft fährt, wehen seine Haare im Wind. Er hat das Gefühl zu fliegen. Nicht anders vor Jahrtausenden. Damals fuhren die Abkömmlinge der begüterten Herrscher im reich geschmückten, oft sogar mit Perlen versehenen, von vier Pferden gezogenen Wagen in die Arena. Ihre langen Haare flatterten im Wind. Sie glaubten zu fliegen …«

Und ich glaubte zu träumen. In den altindischen Texten werden klare Unterschiede gemacht zwischen Wagen, die Räder haben und auf der Erde rollen, und solchen ohne Räder, die über und um die Erde und sogar zum Mond fliegen. Doch an den theologischen Fakultäten, auch wenn dort vergleichende Religionswissenschaften gelehrt werden, lebt man immer noch im Mittelalter. Nichts Neues ist dazugekommen. Dasselbe gilt für das heiligste Buch der Christenheit: *Die Bibel.* Hartnäckig verkünden Theologen, die *Bibel* enthalte das Wort Gottes. Der berühmte Jesuit und Professor für Theologie, Karl Rahner, immerhin Lehrvater für ganze Heerscharen von jungen Priestern, versichert, dass die Geschichte des Alten Testaments »von dem Gott ausging, der sich in Jesus Christus endgültig geoffenbart hat«. Die Schrift des Alten und des Neuen Testaments habe denselben Urheber. Das Alte Testament sei von allem Anfang an eine »von Gott gesteuerte, offene Bewegung auf das endgültige Heil zu«. [131] Und der Theologieprofessor Jacques Guillet lehrt, die Erzählungen in der *Bibel* seien »ausnahmslos Vollzugsberichte eines Wortes Gottes. Dieses Schema ist allgemeingültig.« [131] Aha! Tatsächlich aber, und jeder moderne Theologe müsste es wissen, ist das Alte Testament ein Werk voller Widersprüche. Geschrieben von unzähligen Autoren zu unterschiedlichen Zeiten. Wobei oft Texte aus fremden Quellen eingefügt wurden. (Beispielsweise die Sintflutgeschichte, die aus viel älteren, sumerischen Schriften stammt, oder die rührige Story vom Knäblein Moses, das, in ein Körbchen gelegt, den Nil hinunterschaukelte. Dasselbe wird schon über den babylonischen Herrscher Sargon I. berichtet. 1000 Jahre vor Moses.) Im Alten Testament wird ein Pseudogott verherrlicht, der mit Rauch, Feuer, Lärm, Hitze etc. zu den Menschen herniederstieg. Dabei wird im Buch Hesekiel/ Ezechiel (ist derselbe) sogar das Fahrzeug dieses »Gottes« ausführlich beschrieben. Und seit meinem Erstlingswerk *Erinnerungen an die Zukunft* ist jenes »himmlische Vehikel« von einem NASA-Raketenbauer blitzsauber nachgezeichnet und -gerechnet worden. [132, 133] Wir *wissen* heute, was Hesekiel/Ezechiel beschrieb. Ähnliches gilt für das biblische Manna oder die Bundeslade. Das neuzeitliche Wissen entlarvte die Bundeslade als eine lebensgefährliche, technische Apparatur, die zudem »nicht von dieser Erde« stammte. [134, S. 79ff.]

Die Erklärungen aus unserer Zeit sind ausnahmslos sinnvoll, logisch und wissenschaftlich nachvollziehbar. Doch interessiert dies keinen Theologen. Prof. Dr. Hermann Oberth (1894–1989), der »Vater der Weltraumfahrt«, sagte mir vor Jahren: »Es gibt Gelehrte, die benehmen sich wie gestopfte Gänse. Neues Wissen nehmen sie nicht mehr auf.«

Im Buch des alttestamentarischen Propheten Hiob (Kap. 41 ff.) wird ein »Flusspferd« auf folgende Weise beschrieben: *»Seine Knochen sind Röhren von Erz, seine Gebeine wie Stäbe von Eisen …, aus seinem Rachen fahren Fackeln und Feuerfunken sprühen hervor. Aus seinen Nüstern kommt Rauch wie aus einem siedenden Topf. Sein Atem sengt wie glühende Kohlen … Wenn es emporfährt, fürchten sich die Starken, vor Schrecken werden sie verwirrt. Vor seinen Zähnen hält das Schwert nicht stand, nicht Spieß, nicht Wurfgeschosse, nicht Panzer.«*

Was wird hier beschrieben? »Ausnahmslos Vollzugsberichte eines Wortes Gottes. Dieses Schema ist allgemeingültig.« (Jacques Guillet)

In unserer Zeit tauchen immer mehr Bücher von Autoren auf, die das »Buch der Bücher« in diversen Sprachen lesen können und die korrekt analysieren, was für ein Unsinn in das Alte Testament hineininterpretiert wurde. So zerpflückt Walter Jörg Langbein, Theologe und Mitstreiter der ersten Stunde, die »Heilige Schrift« und deckt die verschiedenen Urquellen, aus denen die *Bibel* zusammengeklaut wurde, auf. [135] Seine Analysen scheinen genauso wenig zu interessieren wie das Werk von Mauro Biglino, der fließend Hebräisch liest und alle Querverbindungen zum Aramäischen wie auch zu den semitischen Wurzeln kennt. [136] Bei Mauro Biglino wird klar, dass Engel nichts anderes als Außerirdische waren und dass es zwischen den Engeln und den Cherubim einen entscheidenden Unterschied gibt: »Während Engel Personen sind, sind Cherubim

Maschinen!« [136] Jeder *Bibel*-Leser wird im Glauben gelassen, im Alten Testament habe ein einzelner, großer Gott gewirkt. Nichts davon stimmt. Stets geht es um die »Elohim«, *die* Götter in der Mehrzahl. Entsprechend lautet dann die Übersetzung zur Erschaffung des Menschen nicht »und Gott sprach, lasset uns den Menschen nach unserem Ebenbild schaffen«, sondern »wir wollen machen Menschen nach unserem Bild …« [136]

Märchenhaft? Nein. Die übereinstimmenden Urerinnerungen der Menschen. Und in den weltweiten Märchen erklingt dasselbe.

»Es ist schon lange her, da gab es eine Zeit, in der alle Menschen oben im Himmel lebten …« [137] So beginnt einer der Entstehungsmythen der Eskimo. »Mondgeister« und »Himmelswesen« erschufen die ersten Menschen und später kam es auch zu sexuellen Kontakten zwischen den »Mondgeistern« und Eskimofrauen.

Der japanische Stamm der Yamasachi berichtet von einer Zeit, »als es auf der Erde noch Halbgötter gab, die nach Belieben zwischen Himmel und Erde verkehrten«. [138] Wie andernorts kam es auch hier zu Geschlechtsverkehr zwischen den »Sprösslingen einer himmlischen Gottheit« und den Menschen. Das Produkt – was sonst? – waren Wesen: halb Götter, halb Menschen. Die japanischen Könige der Amewakahiko begründen ihr Herrscherhaus direkt mit dem Himmel: »Der Ursprung unseres Herrscherhauses reicht bis in das Zeitalter der Götter zurück. Mit dem Jimmu Tennó beginnt die Reihe der irdischen Herrscher … Weil nun dieses Land ein Götterland ist, so geschieht es von Zeit zu Zeit, dass Götter mitten unter uns als Menschen leben und sich mit Menschen verbinden …« [138] Kaum anders klingt es in der ägyptischen Märchenwelt. Alle Herrscher des Alten Reiches stammten direkt von irgendwelchen Göttern ab. [139] Und jene Götter wünschten ausdrücklich Menschen, die ihnen ähnlich waren.

Könige als Söhne der Götter? Tibet, China, Griechenland und, und, und lassen grüßen. Fliegende Wagen im alten Indien, bei Salomon, in der *Bibel*? Schon mal von den fliegenden Teppichen in arabischen und persischen Märchen gehört? [140] Das Wissen um die Götterbesuche und die Entstehung des Menschen ist global. Dies nicht zu erkennen bleibt durch und durch unwissenschaftlich. Und die psychologischen Varianten, die immer wieder als Erklärungen für diese fantastische Realität herhalten müssen, sind nichts als griesgrämige Eitelkeiten.

Das baltische Volk der Letten mag uns näherliegen als der ferne König Salomon. Ihr Hauptgott hieß Dievs. (Bei den Römern: Götter = Dei. Im Französischen heute noch Götter = Dieux.) Dievs wohnte im Himmel und herrschte dort über riesige Reichtümer. Auf seinem fliegenden Pferd ritt er um den Himmelsberg und zu Zeiten der irdischen Ernte stieg er vom Himmel zur Erde hinab. [124] Die chinesischen Mythologien kennen neun Himmel, wobei der oberste Himmelsgott im Sternbild des Großen Bären wohnte. [123] Die ursprünglichen Kaiser erreichten die Erde mit feuerspeienden Drachen. Im fernen Hochland Tibets ist nicht nur Gesar, der erste Herrscher, aus dem Weltall gekommen, sondern auch viele andere Götter. [141] Und wie? »Der Himmel dröhnte, die Erde bebte, röhrendes Drachengebrüll ertönte.« Das Zitat könnte aus dem Alten Testament stammen. Tut es aber nicht. Es geht um die tibetanische Mythologie. Andere himmlische Wesen Tibets »benutzten für den Abstieg ein Seil oder eine Leiter … Viele Göttersöhne steigen vom Götterhimmel auf die Menschenerde herab. Sie werden dann bei den Menschen die Herrscher und Könige.« [125]

Feuerland, der Südzipfel Südamerikas, himmelweit weg von Tibet. Wie überall kam der Urmensch, hier Kenos genannt, zur Erde, um sie zu ordnen. »Dann flog er zum Himmel zurück, er lebt jetzt auf den Sternen.« [125] Nicht anders bei den Pawnee-

Indianern im heutigen Nebraska, USA. Ihrer Lehre nach ist der Mensch von Sternenwesen erschaffen worden, und die Himmlischen seien immer wieder »mit Rauch und Feuer« zu uns herabgestiegen. [142] (Zum Nachdenken: Zwischen Feuerland in Südamerika und den großen Ebenen der USA liegen 11 000 Kilometer Fluglinie.)

Uns fehlt der Durchblick. Jeder noch so fleißige Wissenschaftler muss sich spezialisieren. Es geht nicht anders. Das Wissen ist zu umfangreich geworden. Das Paradoxe dabei? Ausgerechnet *wegen* des Spezialistentums fehlen die Querverbindungen. Ein Ägyptologe *kann* das indische Schrifttum des *Mahabharata* nicht kennen. Nicht mal den Spezialisten in Indologie sind alle Texte aus dem altindischen Bereich vertraut. Es sind einfach zu viele. Wenn schon dem Indologen der völlige Durchblick fehlt – wie sollte der Ägyptologe neben seinem Fachbereich auch noch das gigantische Schrifttum Indiens lernen? Oh ja! Supercomputer könnten die Querverbindungen aufzeichnen – sofern die Texte vorher eingegeben wurden und das richtige Programm existiert. Persönlich brauchte ich ein halbes Jahr, um mich nur oberflächlich durch das *Mahabharata* und insbesondere das *Drona Parva* (= Bestandteil des *Mahabharata*) zu kämpfen. [143] Gelehrte, die sich nur einmal im Leben dieser Mühe unterziehen, wissen für alle Ewigkeit, dass mit den alten Göttern nur Raumfahrer von fernen Welten gemeint sein können. Bei den um die altindischen Texte Wissenden erntet jede Diskussion um fremde Raumfahrer vor Jahrtausenden nur ein müdes Lächeln. Selbstverständlich waren sie da. Wer das immer noch bestreitet, kennt das umfangreiche Textmaterial nicht. Da werden im *Drona Parva* Raumschiffe am Firmament beschrieben, dann fürchterliche, »himmlische« Waffen, gegen die jeder Tropensturm, jedes Erdbeben, jeder Vulkanausbruch wie ein Husten wirkt. Da werden klipp und klare Unterschiede gemacht zwischen »Städten am Firmament« – wir würden sie heute als Generationenraumschiffe bezeichnen – und kleineren Zubringerraumschiffen. Heute: Space Shuttles. Wobei, und dies ist sehr beachtenswert, die Männer, die jene Texte aus dem Sanskrit ins Englische übersetzten, im vorletzten Jahrhundert lebten. [144] *Also von Mutterraumschiffen, Flugzeugen, Space Shuttles etc. keinen blauen Dunst haben konnten.* Die Übersetzung von Vers 50 »*The three cities came together in the firmament.*« im *Drona Parva* lautet exakt: »Die drei Städte kamen am Firmament zusammen.« Übersetzt im Jahre 1888! [144] Da werden Waffensysteme beschrieben, die durch »gebündelte Hitzestrahlen« alles verbrennen, andere, die durch die Augen des Piloten aktiviert werden. Dann Hypnosewaffen oder Waffen, die Illusionen am Firmament erzeugen. Waffen, die Bergketten zur Explosion bringen und andere, die den ganzen Planeten zerreißen könnten, wenn sie eingesetzt würden. Im *Drona Parva* werden Luftkämpfe zwischen unterschiedlich bestückten Fluggeräten beschrieben und Himmelsschiffe, die ihre Positionen am Firmament blitzschnell verändern können. Hierher gehört eine kleine Wiederholung aus meinem Buch *Habe ich mich geirrt?* [22, S. 212]

»*Von der Glut der Waffe versengt, torkelte die Welt in Hitze. Elefanten waren angebrannt und taumelten hin und her … Das Wasser kochte, alle Fische starben … Die Bäume stürzten reihenweise … Pferde und Streitwagen verbrannten … Es bot sich ein schauerlicher Anblick. Die Leichen waren von der fürchterlichen Hitze verstümmelt, sie sahen nicht mehr wie Menschen aus. Niemals zuvor gab es eine derart grauenhafte Waffe, niemals zuvor haben wir von einer solchen Waffe gehört …*«

Unter der Wirkung dieser Waffe fielen den Kriegern die Haare aus und die Nägel an Händen und Füßen. Alles Lebendige verblasste, denn es war vom »tödlichen Hauch« des Gottes belegt. Und weitab vom Einsatz der Waffe starben auch noch die ungeborenen Kinder im Mutterleib.

Wir Westmenschen haben keine Ahnung. Wir sonnen uns im Gefühl, die Größten, ja, die Spitze der Evolution zu sein. Die uralten Überlieferungen aller Kulturen sind uns wurscht, und die Waffensysteme in den tausendjährigen Texten des *Drona Parva* sind, so meinen wir, doch längstens hinlänglich erklärt. Es handle sich »um Tropenstürme«. [145] Seit wann verursachen Tropenstürme die geschilderten Wirkungen? Seit wann sind Tropenstürme auch noch für tödliche Strahlungen zuständig, die die ungeborenen Kinder im Mutterleib töten? Und woher wussten die Menschen vor Jahrtausenden überhaupt etwas von einer tödlichen Strahlung? Wir liegen völlig falsch im bequemen Bett unserer Selbstherrlichkeit. Die fliegenden Wagen vor Jahrtausenden? Nichts als »sinnloses Geschwätz« und »dumme Fantastereien«, so Professor Dr. Hermann Jacobi vor 160 Jahren. [146]

160 Jahre in der Vergangenheit! Doch die vorgestrigen Ansichten, damals sicherlich durchdacht von integren und hochintelligenten Professoren, wurden seither nicht hinterfragt. Zumindest nicht von der zuständigen Wissenschaft. Es existiert keine »neue Schule«. Das alte Wissen verklebt die Gehirne. Und Bücher wie dieses oder die meiner hervorragenden Kollegen zählen nicht. Weshalb? Ich vermerkte es im Vorwort: »Gelehrte werden es, weil seine Thesen und Beweise nicht in das mühsam gekittete Mosaik bereits zementierter Schulweisheit passen, als Utopie auf den Index jener Bücher setzen, über die man besser nicht spricht.«

Was ist zu tun? Aufklären und den Zeitgeist arbeiten lassen.

Der Stamm der Bantu in Kamerun berichtet vom ältesten Stammesvater, der in einem großen, ausgehöhlten Baum direkt vom Himmel in das Stammesgebiet geflogen sei. »Alles, was wir sehen, hat Mubei gemacht. Zuerst hat er die Erde gemacht …, dann die Grassteppe …, dann Tiere hineingesetzt …, Nyoenduma ließ einen großen Felsen regnen. Worauf sich dieser mit ungeheurem Donnern öffnete und die ersten beiden Menschen hervorbrachte.« [147]

Menschen, geschaffen von irgendwelchen »Himmlischen«? Dies überliefert auch der kleine Stamm der Abasi in Westafrika. Abasi brachte die im Himmel lebenden Menschen direkt auf die Erde. »Alle Dinge schafft er. Alle Dinge oben, alle Dinge unten. Er schafft das Wasser und den Wald und die Flüsse und die Quellen und die Tiere. Er schafft alle Dinge, die da sind in der ganzen Welt, aber den Menschen schafft er nicht …, denn sie wohnten droben mit Abasi in seiner himmlischen Stadt.« [148]

Eine »himmlische Stadt« bewohnte auch der König von Salem, ein Priester des höchsten Gottes der Juden. [149] *Oder* der tibetanische Sohn des Himmels: Gesar. Der lebte ursprünglich in einer fliegenden Stadt, die am Firmament glänzte und »himmelseiserne Dächer besaß, die jedem Blitzstrahl widerstanden«. [141] *Oder* der arabische Historiker Nashwan Ibn Said, gestorben um 1195, der von »einer Stadt aus Metall« berichtete, die einst aus dem Nichts aufgetaucht sei. Die ganze Stadt habe auf »silbernen, glänzenden Säulen gestanden« und das Wasser sei »in Metallkanälen durch die Anlagen geleitet worden.« [150] *Oder* Hadhad, der Vater von Bilqis (= Königin von Saba). Seine Residenz war »ein fliegender Palast aus Metall und Türmen«. [76] *Oder* die bereits erwähnten »drei Städte am Firmament« im altindischen *Drona Parva.* [144] *Oder* »Städte am Himmel, die wie Kristalle glänzten«, beschrieben im Buch Henoch. [97] Oder, oder, oder – es gibt viele davon. Himmlische Städte existieren nun einmal in den Überlieferungen der Völker. Sei's beim hinterletzten Stamm irgendwo in Afrika, sei's im Hochland von Tibet oder sei's in den tiefsinnigen Büchern der alten Juden.

Bevor der Mensch schreiben lernte, musste er sprechen können. Die erste Sprache diktierten ihm die Götter. So behaupten es mehrere antike Historiker. [86, 151, 152] »Der Mensch ist nur Mensch durch Sprache; um aber die Sprache zu erfinden, musste er schon Mensch sein.« [153] Das Zitat stammt vom Staatsmann und Gelehrten Wilhelm von Humboldt (1787–1835). Ein Busch ist ein Busch und kein Mond. Die Sonne ist der Leuchtkörper am Firmament und kein Wasserlauf. Ein Mensch ist ein Mensch und weder Krokodil noch Vogel. Zum Verstehen untereinander mussten die ersten Menschen dasselbe meinen. Erst danach war die Schrift möglich. Moses erhielt seine Gesetzestafeln – glaubt man dem Alten Testament – von seinem »Gott« auf dem Berge Sinai. Den Sumerern übergab der Gott An die Schrift. [154] Nicht anders in Tibet, Indien oder China. »Wir erinnern an die Tatsache, dass ursprünglich Buchstaben und Bild- oder Schriftzeichen ausnahmslos allen Völkern als heilig galten und nur den Priestern verständlich gewesen sind. Jener Auffassung nach kam auch die Schrift von den Sternen« [80] – bestätigt der gründliche Kenner aller Mythen, Karl Kohlenberg. Dann, gegen 1600 v. Chr., taucht dieser Hammurabi (1728–1686) auf, der – wie könnte es anders sein – eine Himmelsgeburt gewesen sein soll. Seine Mutter wurde vom Sonnengott geschwängert. Selbstverständlich wurde Hammurabi König von Babylon und als solcher hinterließ er ein grandioses Gesetzeswerk: den *Codex Hammurabi*. Der Text war auf einer über zwei Meter hohen Steinsäule eingemeißelt, die zu Beginn des 20. Jahrhunderts in Susa, dem heutigen Shush im Irak, ausgegraben worden war. Bei seinem Gesetzeswerk berief sich Hammurabi ausdrücklich »auf göttliche Offenbarungen«. [155] Eigentlich sollte man annehmen, der Gesetzgeber beginne sein imposantes Werk nicht mit einer faustdicken Lüge. Doch bei Politikern ist vieles möglich. Auf 280 Paragrafen festgenagelt wissen die Menschen jetzt Bescheid über die Rechtsprechung, doch auch über das Finanzwesen, die Regeln der Erbschaft oder der Ehe. Im *Codex Hammurabi* werden verschiedene

Kategorien der Menschen behandelt. Es gab Freie, Halbfreie und Sklaven. Doch innerhalb dieses Klassenwesens waren alle Menschen gleich. Die Freien mussten sich untereinander an ihre Spielregeln halten, die Halbfreien ebenso wie die Sklaven. Beispiele:

»*Wenn ein Mann einen Einbruch in einem Haus macht, verscharrt man ihn, nachdem man ihn getötet hat, vor der Einbruchstelle … Wenn ein Räuber nicht ertappt wird, ersetzen die Stadt und der Älteste dem Beraubten alles, was ihm verloren ging … Wenn ein Mann einen minderjährigen Sohn eines anderen stiehlt, wird er getötet … Wenn jemand eine Ehefrau nimmt, aber keinen Vertrag mit ihr abschließt, so ist dieses Weib nicht seine Ehefrau … Wenn ein Mann ein Rind zum Dreschen mietet, ist die Bezahlung ein Maß Getreide. Wenn er einen Esel zum Dreschen mietet, ist die Bezahlung ein halbes Maß Getreide …*«

Kaum eine Einzelheit hatte Hammurabi vergessen. Sein Kodex regelte die Scheidung, die Krankheit, das Eigentum, das Erbrecht, die Bezahlung der Tagelöhner, ja sogar die Geiselnahme. Am Schluss seines Werkes ließ Hammurabi einmeißeln: »… *In den Tagen, die da noch kommen werden, für alle künftigen Zeiten, möge der König, der da im Lande herrscht, die Worte der Gerechtigkeit beachten, die ich auf mein Denkmal geschrieben habe.*«

Tatsächlich hielten sich im Laufe der Geschichte der Menschheit viele Gesetzgeber anderer Kulturen an Hammurabis Vorlage. Heute steht seine Steinsäule als Original im Pariser Louvre.

Es scheint, als hätten sich jene Götter, die Himmlischen vom anderen Sonnensystem, immer wieder in die menschliche Entwicklung eingemischt. Und heute? Wo stehen wir? Offensichtlich mischen sie sich wieder ein. In welche Zukunft soll das führen?

Kapitel 5

Was kommt als Nächstes?

Ende der 1960er-Jahre erschien ein Buch, das die Welt veränderte: *The Limits of Growth. Die Grenzen des Wachstums.* [156] Veröffentlicht unter dem Schutzschirm des Club of Rome, eines Zusammenschlusses verschiedener Wissenschaftler, wurde der Titel zum Bestseller Nummer eins in sämtlichen Industrieländern. Der damalige Generalsekretär der UNO, Mister U Thant, verfasste – einmalig in der Geschichte der UNO – ein Vorwort:

»Ich will die Zustände nicht dramatisieren. Aber nach den Informationen, die mir als Generalsekretär der Vereinten Nationen zugehen, haben nach meiner Schätzung die Mitglieder dieses Gremiums noch etwa ein Jahrzehnt zur Verfügung, ihre alten Streitigkeiten zu vergessen und eine weltweite Zusammenarbeit

zu beginnen, um das Wettrüsten zu stoppen, den menschlichen Lebensraum zu verbessern, die Bevölkerungsexplosion niedrig zu halten und den notwendigen Impuls zur Entwicklung zu geben. Wenn eine solch weltweite Partnerschaft innerhalb der nächsten zehn Jahre nicht zustande kommt, so werden, fürchte ich, die erwähnten Probleme derartige Ausmaße erreicht haben, dass ihre Bewältigung menschliche Fähigkeiten übersteigt.«

Zehn Jahre nach Erscheinen des Buches hätte unsere Zivilisation eigentlich derart miserabel dastehen müssen, dass die Bewältigung der Probleme *menschliche Fähigkeiten übersteigt.* Wie kam der UNO-Generalsekretär zu derartig niederschmetternden Aussagen? Er berief sich auf die grundehrlichen Wissenschaftler des Club of Rome, die Zukunftsmodelle errechnet hatten. Diese Modelle wiederum basierten auf den damals verfügbaren Daten. Die waren alle richtig – doch ein entscheidender Faktor konnte nur sehr schwer berechnet werden: der menschliche Erfindergeist, die menschliche Intelligenz und Kreativität. So wurde das Buch *Die Grenzen des Wachstums* zum ersten weltweiten Angstmachertitel. Jeder vernünftige Mensch musste um den Zustand der Erde besorgt sein. Trotz des Wissens um die Lücken ihrer Modelle schrieben die Autoren: »Bei den vielen Begrenzungen, die das Weltmodell aufzeigt, gibt es keinen Zweifel mehr über die zahllosen katastrophalen Möglichkeiten, denen es zustrebt.« Welche Katastrophen sollten über uns hereinbrechen?

»… schon vor dem Jahr 2000 muss eine hoffnungslose Landknappheit auftreten, wenn das Bevölkerungswachstum wie heute anhält …«

»… bei der gegenwärtigen Verbrauchssteigerung werden die meisten der heute wichtigsten und sich nicht regenerierenden Rohstoffe in 100 Jahren extrem teuer sein, und zwar selbst unter den optimistischen Annahmen von neu entdeckten Lagerstätten,

technischem Fortschritt, der Wiederverwendung und dem Gebrauch geeigneter Ersatzstoffe …«

»… dieses Systemverhalten tendiert eindeutig dazu, die Wachstumsgrenzen zu überschreiten und dann zusammenzubrechen …« [159]

Nach den begründeten Warnungen des Club of Rome wurde den Menschen das Waldsterben eingehämmert. Erst der Wald – dann der Mensch, lautete eine der Schlagzeilen. Dann sollten die Borkenkäfer unsere Bäume zerfressen und schließlich der saure Regen dem Wald den Rest geben.

Bei all den Szenarien frage ich mich, wieso wir überhaupt noch leben. Immerhin zählen wir das Jahr 2016 und schwimmen im Erdöl. Die biologische Zeitbombe ist nicht explodiert. Doch die apokalyptischen Horrorbilder werden weiter gezüchtet. Egal ob's im Sommer regnet oder heiß wird, der Mensch ist in jedem Fall schuld. In dubiosen Kassen lösen sich Billionen von Dollar in Luft auf. Schweigend (wütend?) zahlt der gebeutelte Mensch. Schließlich möchte er den Klimawandel aufhalten. Als ob Kohlendioxid (CO_2) in irgendeiner Vergangenheit einen Klimawechsel verursacht hätte. Zum Verständnis: Vor Jahrtausenden durchlebte unsere Erde immer wieder Zeiten des Klimawandels. Klipp und klar beweisbar. Doch damals existierten weder Industriekamine noch Autoabgase – aber trotzdem Klimawandel. Wie wär's mit anderen Ursachen für den Klimawandel, unter dem wir gerade leiden? In *Die Grenzen des Wachstums* vermerkten die Wissenschaftler noch: »Kohlendioxid löst sich sehr leicht im Wasser.« [156] Alles schon vergessen?

Wer hat eigentlich ein Interesse daran, die gesamte Menschheit in Angst zu versetzen? Den Menschen Dinge vorzuhalten, die gar nicht stimmen? Und wenn auch nur einige Modelle falsch sind, weshalb schreit die Weltpresse nicht dagegen auf? Soll die Menschheit darauf vorbereitet werden, auf irgendeinen

Retter zu hoffen? Was ist nur mit der Intelligenz des Homo sapiens sapiens los, die einen naturwissenschaftlichen Unsinn wie das sogenannte »Gender-Modell« in die Weltpolitik und an immer mehr Hochschulen schwemmt? Gender? Alle haben davon gehört, aber nur wenige wissen, worum es dabei geht. Mit dem englischen Wort »Gender« bezeichnet man das psychologische Geschlecht eines Menschen im Unterschied zum biologischen Geschlecht. Gibt es denn ein »psychologisches Geschlecht«? Ja. Ein Mann kann sich schließlich als Frau fühlen – und umgekehrt. Der Begriff »Gender« wurde bereits 1985 auf der UNO-Weltfrauenkonferenz in Nairobi erfunden, und 1995 auf der Weltfrauenkonferenz der UNO in Peking formuliert. Im Rahmen der Gleichheit von Mann und Frau verlangten einige der Damen ein Programm zur Durchsetzung der Gleichbehandlung der Geschlechter. Inzwischen wuchs Gender zur regelrechten Weltstrategie. »Gender-Mainstreaming« ist sogar eines der Ziele der Europäischen Union. Doch aus einigen grundsätzlich richtigen Gedanken wuchs ein feministisches Weltdiktat. Kaum ein Wissenschaftler hat noch die Zivilcourage, gegen Gender Stellung zu beziehen. Eine Ausnahme ist der deutsche Professor Dr. Ulrich Kutschera (Uni Kassel und Standford, USA). In einem Interview mit dem deutschen Nachrichtenmagazin *Focus* bezeichnete Kutschera Gender als eine »irrationale Glaubenslehre«. [157] Mit Gender würden alle wissenschaftlichen Fakten der Biologie geleugnet. »Die Gender-Mainstream-Ideologie entstammt einer radikalfeministischen Sektenesoterik der 1990er-Jahre. Sie entbehrt jeder wissenschaftlichen Grundlage.« [157] Der streitbare Professor untermauerte seine Analysen gegen Gender in einem hervorragenden Sachbuch. [158]

Was soll denn so falsch an Gender sein? Nun, wir werden alle gleichgemacht. Es gibt nur noch Unisex-Menschen. Das biologische Geschlecht zählt nicht mehr. Knaben müssten sich eigentlich schämen, mit einem Penis geboren zu sein. Die ursprüngliche Idee zu diesem Blödsinn stammt von dem amerikanischen Professor John Money (1921–2006). Der hatte bereits 1955 formuliert, alle Babys würden als geschlechtsneutrale Unisex-Wesen geboren. In einem Experiment ließ er einen der beiden eineiigen Zwillingsbrüder David und Brian Reimer zur Frau umoperieren. Obschon das perverse Experiment total in die Hose ging, wird es von den Gender-Anhängern immer noch als Beweis für die Unisex-Idee propagiert. Brian Rimer beging mit 36 Jahren Selbstmord, David zwei Jahre später.

Heute wird Gender an vielen Hochschulen doziert. Es ist wie mit der Evolutionstheorie: Wer sich nicht an Gender hält, wird aus der Gesellschaft der Vernünftigen ausgeschlossen. »Der« liebe Gott als männliche Anrede darf es nicht mehr geben. Ein Azubi (Auszubildender) wird jetzt zur Azubine. Der Lehrer wird zur Lehrkraft, der Mann ein Mensch, Schüler und Schülerinnen werden zu SuS, und ein Massaker an einer Schule wären jetzt »sterbende SuS«. An der Universität Leipzig müssen männliche Gelehrte als »Herr Professorin« angesprochen werden. Alle Affen haben gleich zu sein. Ein Gericht (Multnomah Country Court) in Portland, Oregon, USA, hat einem Menschen die Null-Geschlechtlichkeit zugestanden. Jamie Shupe, geboren als Mädchen, wollte weder Mann noch Frau sein, weder Mister noch Misses Shupe, sondern MX Shupe. »Jamie Shupe ist nun MX Shupe, und MX Shupe wartet auf den neuen Ausweis, in dem nicht männlich oder weiblich stehen soll, sondern ›non-binary‹, nicht binär«, schreibt das deutsche Nachrichtenmagazin *Der Spiegel.* [159] Demnächst wird es wohl weder einen »Vergewaltiger« noch einen »Stubenhocker« mehr geben, wir sind ja alle geschlechtsneutral.

»Die spinnen, die Römer«, hieß es einst bei Asterix. Die spinnen, diese Menschen, sollte es heißen. Und obschon weltweit

Millionen von Erdenbürgern, darunter sicherlich viele Wissenschaftler, dieselbe Meinung vertreten wie ich, dringt kaum etwas davon an die Öffentlichkeit. Was ist nur los mit unseren Medien? Mit unseren blitzgescheiten und wachen Journalisten? Sind alle eingeschlafen oder existiert irgendwo eine höhere Macht, die jedes Hinterfragen abklemmt?

Das Problem liegt im Gift der Ideologien. Sie wirken wie diktatorische Religionen. Und wer im jeweiligen geografischen Raum anders denkt als die gerade herrschende Religion, soll verunglimpft werden. Alles, was nicht links denkt, ist für die Linken »Populismus«, »menschenverachtend«, »rückschrittlich«. Und was nicht rechts denkt, ist für die Rechten »landesverräterisch«, »scheinheilig« und »verlogen«. Anständige Rechte besuchen niemals die Veranstaltungen eines linken Politikers – und umgekehrt. Es herrscht der »Ich-habe-recht-Mensch«. Alle möchten »vernünftig« sein und sich unter Vernünftigen aufhalten. Unvernunft bedeutet, sich der Lächerlichkeit auszusetzen – und das will keiner. Jetzt, und dies ist eine Binsenwahrheit, hat jede Zeitung, jedes Magazin, jeder TV-Sender weltweit irgendeinen Besitzer. Das mag eine reiche Familie, eine Einzelperson, eine politische Gruppierung, eine Gewerkschaft oder der Staat sein. Alles gehört irgendwem. Der jeweilige Besitzer will innerhalb seiner Zunft zu den Vernünftigen gehören. Würde ein Journalist etwas »Unvernünftiges« ins Blatt setzen wollen, käme er damit in der eigenen Redaktion nicht durch. Falls doch, wäre er seinen Job bald los. Man muss keine Verschwörungstheorie herbeibemühen, um das Verhalten der Menschen zu erkennen. Es fehlt die Zivilcourage, und wer sie hat, wird ausgegrenzt. Dasselbe gilt für das Marionettentheater der sogenannten »Fernsehräte«. Wie war das mit den Außerirdischen aus der Zukunft im ersten Kapitel? Lauter hübsche Menschen mit strahlend weißen Zähnen, zarten Kusslippen und einem zierlichen Körper. Doch zwischen Männlein und Weiblein konnte man nicht unterscheiden.

Im Mai 2016 trafen sich an der Harvard Medical School in Boston 160 Teilnehmer zu einem Gedankenaustausch, der ursprünglich geheim gehalten werden sollte. Diskutiert wurde die Frage nach dem künstlichen menschlichen Genom. Werden wir in der Zukunft Menschen mit bestimmten Eigenschaften herstellen können? Die Frage ist ethisch hochbrisant, denn wenn der Mensch bestimmte Menschen schaffen kann, spielt er Gott. Und er wird es tun – irgendwann, genauso wie es die ETs taten.

Am 28. Juni 2016 hielt der Präsident der Europäischen Kommission, Herr Jean-Claude Juncker, vor dem EU-Parlament eine bemerkenswerte Rede. Es ging um den Austritt Großbritanniens – den sogenannten Brexit – aus der Europäischen Union. Juncker zeigte seine Besorgnis und meinte: »Man sollte wissen, dass diejenigen, die uns von Ferne beobachten, sehr beunruhigt sind. Ich habe gesehen und gehört, dass *mehrere Führer anderer Planeten* sehr besorgt sind und sich Fragen stellen über das Überleben der Europäischen Union. Deshalb muss man die Europäer, aber auch diejenigen, die uns von weiter Ferne beobachten, überzeugen …«

In den Medien wurden Junckers Worte *»mehrere Führer anderer Planeten«* als Übersetzungsfehler oder als Versprecher interpretiert. Stimmt nicht. Juncker hielt seine Rede in Französisch. Die Worte »Pays« = Land und »Planète« = Planet sind sehr unterschiedlich. Zudem passt die Variante vom Versprecher nicht in den Zusammenhang des Textes. (Ich spreche Französisch und brauche keinen Übersetzer). Juncker sagte weiter: »… et ceux qui nous observe de plus loin« = *»… und diejenigen, die uns aus weiter Ferne beobachten«*. Jetzt sollte man Herrn Juncker zugutehalten, dass er müde und durch einige Zwischenrufer gereizt war. Trotzdem muss die Frage gestattet sein: Weiß er Bescheid über den Kontakt mit Außerirdischen? Ist es ausgerechnet seiner Müdigkeit zu verdanken, dass sein Gehirn die Dinge nicht mehr auseinanderhielt? Und was mich persönlich hellhörig werden lässt: Im offiziellen Text der Juncker-Rede wurde die gesamte Passage herausgeschnitten. Zensur. Aber, weshalb um alles in der Welt, sollten Außerirdische hinsichtlich des Zusammenhalts Europas besorgt sein? Ist ihnen das nicht schnurzegal? Darüber lässt sich spekulieren. Vermutlich möchten die ETs ihre Verträge mit einer vereinten Erde abschließen. Europa ist ein Mosaikstein davon. Wir haben alle gleich zu sein.

Unabhängig von derartigen Kuriositäten bewegt sich der Mensch in eine unumkehrbare Richtung. Vorgegeben durch die Computertechnologie und die unweigerlich kommende Künstliche Intelligenz. (Englisch: AI = Artificial Intelligence.)

Der inzwischen pensionierte Professor Dr. Edward Fredkin (Physiker, Boston University, MIT und Caltech) ist überzeugt, dass die Elektronen, die um den Atomkern herumrasen und ständig Information mit anderen Elektronen austauschen, auf so etwas wie einem »binären Code« beruhen. Das gesamte Universum – so Fredkin – wird durch irgendein Programm beherrscht. Ähnlich wie im Modell von Gott als universaler Computer oder Gott als mathematische Formel. »Was ist das Leben«?, fragt Fredkin. »Was sind das Bewusstsein, das Denken, die Erinnerung und all diese Dinge?« Fredkin erkennt in unserer DNS, die von Generation zu Generation weitergegeben wird, nichts anderes als eine digital verschlüsselte Information. [160] Diese Information enthält von Beginn an die Antwort zur Entwicklung einer Lebensform. Ob aus der DNS eine Pflanze (welche?) oder ein Tier (welches?) wird, ist von Anbeginn an festgelegt. »Das Elektron ist nichts anderes als ein Teil der Antwort.« Irgendwo dort draußen, so Fredkin, existiert ein »maschinenähnliches Ding« [160], das die Gesetze des Universums kontrolliert.

Dieses »maschinenähnliche Ding« steuert die Außerirdischen, und jene steuern wiederum uns. Seit Jahren versuchen Gehirnforscher immer wieder, das Wunder Gottes festzunageln. Woher kommt die Macht des Glaubens? Die müsste schließlich in unseren grauen Zellen nachweisbar sein. Wissenschaftliche Versuche im Rahmen einer neuen Disziplin, der Neurotheologie, ergaben: Gott sitzt im Gehirn. »Wer bereit ist zur inneren Versenkung, dem widerfährt es. Wem indes der Glaube fehlt, dem kann auch ein Magnetfeld nicht helfen.« [161] Der Wunsch nach etwas Göttlichem produziert im Gehirn ein erhabenes Gefühl. Dabei ist kein »Wesen Gott« feststellbar. »Im Gehirn nach Gott zu suchen ist, als würde man den Fernseher aufschrauben, um den Nachrichtensprecher zu finden.« [161] Wenn das Gehirn ein »erhabenes Gefühl« von Gott produzieren kann, muss trotzdem kein »Wesen Gott« gefunden werden. Elektronen, die um den Atomkern rasen und ihre Informationen mit anderen Elektronen austauschen, sind nicht messbar. Und ein ganzes Gehirn unter ein Elektronenrastermikroskop zu legen ist technisch nicht möglich. Doch um das »erhabene Gefühl« zu erleben, mit irgendeinem »Wesen Gott« in Verbindung zu sein, muss zuerst einmal der Wunsch vorhanden sein, eben dieses Gefühl erleben zu wollen. Was war zuerst da, die Henne oder das Ei? Woher kommt der Wunsch? Unser Gehirn ist ja schon das Produkt der DNS, und die wiederum jenes der Zelle. Die ihrerseits besteht aus Millionen von Atomen und um jedes Atom kreisen bereits die phänomenalen Elektronen. Die DNS ist der Informationsspeicher, der zielgenau sämtliche Daten zum Aufbau des betreffenden Lebens enthält. *Diese Information ist schon vorhanden, bevor irgendeine Lebensform überhaupt zu wachsen beginnt.*

Das 21. Jahrhundert wird das Jahrhundert der Bewusstseinstechnologie sein. Niemand kann eine Evolution der Computer bestreiten, schließlich werden sie von Generation zu Generation raffinierter. Die Computer werden zu Einheiten wachsen, die sich selbst programmieren. Einer der führenden Köpfe der Computerbranche, Dr. Raymond Kurzweil, ist überzeugt, dass spätestens im Jahre 2045 die künstliche Intelligenz den Menschen überflüssig machen wird. Er nennt das »Singularity«. Die künstliche Intelligenz der Zukunft würde sich dem Menschen gegenüber so verhalten, dass wir überhaupt nicht merken, wie intelligent der Computer sei. Der Mensch könnte es auch gar nicht merken, weil ihm schlicht die Intelligenz dazu fehle. Wir wären zu blöd dazu.

Schöne Aussichten! Wenn die Zukunft des Menschen nur noch aus Künstlicher Intelligenz besteht, wozu braucht es dann den Menschen überhaupt? Und wozu Außerirdische? Und wozu soll eine heutige Beeinflussung der menschlichen Spezies durch Außerirdische nötig sein, wenn wir doch anno XXYY gar nicht mehr existieren? Kommunizieren vielleicht irgendwann superschnelle Computer miteinander, und dies auch noch überlichtschnell und von Stern zu Stern, ohne dass wir es wissen? Entwickelt die künstliche Intelligenz vielleicht eine Sprache, die für uns nicht durchschaubar ist? Oder nimmt die künftige künstliche Intelligenz aus irgendwelchen Gründen wieder menschliche Formen an, um sich leichter zu multiplizieren?

In der griechischen Mythologie war Pandora die erste Frau. Göttervater Zeus gab ihr eine Büchse mit dem Befehl, diese den Menschen zu übergeben, doch dürfte diese Büchse unter keinen Umständen geöffnet werden. Natürlich musste Zeus wissen, dass die Neugierde des Menschen unendlich war. Wir haben die Büchse der Pandora längst geöffnet. Dieser Meinung ist der japanische Milliardär und Kybernetik-Pionier Yoshiyuki Sankai. In einem Interview mit der *Welt* versicherte er: »Die Entwicklung ist schon weit fortgeschritten, lernende, künstliche Intelligenz ist schon im militärischen Einsatz und das sogar schon weit fortgeschritten …, Kampfroboter auf vier Beinen, die Berge hochklettern können, biologische und chemische Waffen tragen und ihre Ziele autonom aussuchen …« [162] Etwas resigniert stellt Yoshiyuki Sankai fest, wir Menschen seien die einzigen Lebewesen, die die natürliche Auslese außer Kraft setzen könnten. Korrektur, verehrter Herr Yoshiyuki Sankai. Außerirdische praktizieren das schon lange.

Wie sind wir überhaupt auf den Gedanken gekommen, eine künstliche Intelligenz zu erschaffen? Die Idee dazu geistert seit unbekannten Zeiten durch die Science-Fiction-Literatur, doch offiziell geehrt wurde sie erst am 17. April 1990. Damals erhielt der US-Amerikaner Dr. Marvin Lee Minsky (1927–2016), Professor am Massachusetts Institute of Technology, USA, den Preis der Science and Technology Foundation Japans. Dies ausdrücklich für seine Konzepte zur künstlichen Intelligenz. Der Preis wurde im Nationaltheater von Tokio in Anwesenheit des japanischen Kaiserehepaars überreicht. Schon in jungen Jahren hatte sich Marvin Minsky mit den Fähigkeiten unseres Gehirns befasst und sich gefragt: Wenn das Gehirn eine Art Maschine ist, und wenn das Bewusstsein nur deshalb entsteht, weil Elektronen und Neuronen herumrasen und dabei Wirkungen auslösen, dann müsste man dieselben Effekte auch künstlich erzeugen können. Dabei kristallisierten sich sehr rasch entscheidende Unterschiede zwischen Gehirn und Computer heraus. Unser Gehirn funktioniert, weil rund 100 Milliarden Neuronen gegenseitig Botenstoffe austauschen und durch diese Querverbindungen, die sogenannten Synapsen, ein Erkennungssystem schaffen. Da jede Nervenzelle Hunderte von Kontakten weiterleiten kann, entsteht im menschlichen Gehirn ein neuronales Netz von bis zu 100 Billionen Verbindungen. Entscheidend dabei ist, dass diese Neuronen als Netzwerk funktionieren, beim Computer hingegen werden die Kommandos nacheinander ausgeführt.

Dieser Unterschied ist das radikal Entscheidende. Die Schritte im Computer wurden vorher programmiert. Ob vom Menschen oder vom Computer, der AI, ist unerheblich. Der Computer »rechnet«, wenn auch blitzschnell. Das Gehirn hingegen hat den »Gesamtüberblick«. Wie geht das? Wenn unsere Augen eine Berglandschaft oder die eigene Großmutter sehen, wissen wir augenblicklich, was es ist. Unser Gehirn muss nicht »nachrechnen«. Wir können auch Auto fahren, auf alles auf der Straße achten, mit dem Nebenmann sprechen, Musik im Radio hören, einen üblen Geruch analysieren, die Landschaft bestaunen und an Sex denken. All dies und noch mehr gleichzeitig.

In seiner Broschüre *Auf dem Weg zu intelligenten Systemen* des Instituts für Informatik der Universität Zürich weist Professor Dr. Rolf Pfeifer auf ein Paradoxon hin. [163] Ein Schachmeister, so Dr. Pfeifer, habe rund 50 000 Spielpositionen im Gedächtnis, die er in Sekundenschnelle abrufen könne. Je mehr ein Schachmeister wisse, umso rascher sei auch das Erkennen von Spielpositionen möglich. In einem Computerprogramm hingegen nehme die Zeit für das Auffinden bestimmter Positionen mit steigender Zahl der Möglichkeiten zu, je nachdem, wie viele mögliche Positionen eingegeben worden seien. »Das menschliche Gedächtnis verhält sich genau entgegengesetzt … Je mehr es weiß, desto schneller erfolgt das Auffinden einer bestimmten Information.« [162] Das Phänomen sei unter dem Namen »Expertenparadoxon« bekannt. Dann, im März 2016, programmierte der britische Neurowissenschaftler Denis Hassabis einen selbstlernenden Computer mittels der Software »AlphaGo«. Das Spiel »Go« gilt als unglaublich kompliziert. Gleich 30 Millionen Spielzüge wurden eingegeben. Und siehe da, der Computer besiegte den besten »Go«-Spieler, den Südkoreaner Lee Sedol. Insgesamt wurden fünf Spiele realisiert. »AlphaGo« gewann vier davon. Vorher hatte der Computer mit seinem Programm unzählige Male gegen sich selbst gespielt und sich dabei dauernd neu programmiert und verbessert. Das nennt man eine lernende künstliche Intelligenz. Werden wir Menschen also demnächst von der AI übertölpelt? Und sind die ETs dort draußen, die unsere Geschichte beeinflussen und uns beobachten, nichts anderes als eine künstliche Intelligenz?

Nicht ausgeschlossen. Dennoch ist unser Gehirn viel raffinierter als das Programm »AlphaGo«, denn jeder Mensch ist einzigartig – jede künstliche Intelligenz nicht. Wie bitte? Ab der Geburt wird das menschliche Gehirn unablässig programmiert. Ein Beispiel soll dies veranschaulichen.

Vor der Geburt lag jeder Säugling in der angenehmen Wärme des Mutterleibes. Bezeichnen wir das, was er dort empfand, als »Lust«. Kaum geboren, schreit das Kleinkind. Es empfindet das Gegenteil von Lust, also »Unlust«. Der Säugling wünscht Nahrung, er brüllt. Gleich Unlust. Die Mutterbrust, der Schoppen, wird gereicht: gleich Lust. Der Säugling nörgelt, ist müde, will Gesellschaft: Dies entspricht dem Gefühl der Unlust. Dann tauchen vertraute Gesichter auf, das Kind hört ihm bekanntes Blablabla, es wird gestreichelt, trockengelegt: gleich Lust. Ein paar Jährchen später – dem Kind wird beigebracht: Jenes darfst du, anderes nicht. »Messer, Schere, Gabel, Licht sind für kleine Kinder nicht.« Das Kind macht die ersten eigenen Erfahrungen. Stürzt, schneidet, verbrennt, blendet sich. Alles Unlust. Die Eltern bringen ihm bei, welche Nachbarn gut und welche böse sind. Lust/Unlust. Wieder einige Jahre später. Das Kind ist in der Schule. Jedes Begreifen, Verstehen, Gelobtwerden wird als Lust registriert. Das Gegenteil – schlechter Schüler – als Unlust. Es folgt die Pubertät. Die ersten Entdeckungen mit dem eigenen Körper. Die Glut der Liebe, die Wut der Eifersucht. Die Harmonie, das Glücklich-beieinander-Sein, die Enttäuschung, der Trennungsschmerz etc. Alles wird als Lust oder Unlust im Gehirn abgelegt.

Nun betreffen diese Erfahrungen uns alle. Also sind wir doch alle gleich?

Zehn Menschen desselben Alters sitzen im gleichen Kino, atmen dieselbe Luft, sehen denselben Film. Unter den zehn Personen sind zwei verliebt, halten Händchen. Einer ist unruhig, es zwickt ihn etwas. Ein anderer vergleicht in seinen Gedanken die Handlung dauernd mit einem anderen Film. Einer mag die Schauspieler, der andere findet sie läppisch. Einer hat Angst vor dem Finale, der andere kann kaum darauf warten. Der Dialog ist miserabel, meckert der eine. Der andere fühlt sich bei einer Heldenszene selbst als Hauptdarsteller. Etc. Ad infinitum.

Dasselbe gilt für jede menschliche Handlung. 20 erleben das Lagerfeuer, riechen den Duft des Holzes, sehen das Gewitter kommen, aber jeder registriert den Ablauf verschieden, verbindet ihn mit anderen Erinnerungen. 50 000 Menschen im Fußballstadion, 300 in der Kirche, 1000 bei einer politischen Veranstaltung. Alle durchleben Gemeinsames: das Stadion, die Mannschaften, die verbindende politische oder religiöse Idee. Trotz der vielen Gemeinsamkeiten hat jeder Einzelne unterschiedliche Gedanken, andere Emotionen, andere Erinnerungen. Zwar tauschen rund 100 Milliarden Neuronen gegenseitig Botenstoffe im menschlichen Gehirn aus und schaffen durch ihre Synapsen ein phänomenales Erkennungssystem. Da aber jede Nervenzelle bekanntlich Hunderte von Kontakten weiterleitet, umfasst das neuronale Netz 100 Billionen Verbindungen. Die Zahl reicht bei Weitem nicht. Alle Menschen erleben ihre Sinne unterschiedlich. Der Geschmack von Holzkohle, Rosmarin, Muskatnuss oder der Haut der Geliebten wird von Mensch zu Mensch unterschiedlich aufgenommen. Das Streicheln, der Druck an einer Körperstelle, der Faustschlag in die Hoden oder ans Kinn – alles verschieden. Jedes menschliche Auge sieht andere Dinge. Die Ohren des Musikers hören viel mehr Feinheiten als meine. Damit wird jeder Mensch einzigartig. Wissenschaftlich leicht beweisbar. Acht Milliarden Menschen leben auf diesem Globus, doch keiner hat denselben Fingerabdruck wie sein Nachbar, dasselbe gilt für den genetischen Code. Jeder ist unverwechselbar. Damit wird auch klar, dass der ständige Versuch politischer Schlaumeier, uns alle gleichschalten zu wollen, eine ewige Illusion bleibt.

Wären wir alle gleich gewickelt, so würde sich keine außerirdische Intelligenz um uns bemühen. Da jeder derselbe wie der Nächste wäre, würde der Kontakt mit einem einzigen menschlichen Wesen ausreichen. »Die Menschheit« wäre uninteressant. Jetzt aber sind wir Einheiten, die sich mit Vergnügen multiplizieren. Sex bedeutet höchste Lust. Anschließend sammeln wir ein Leben lang Informationen und geben diese über die Elektronen weiter. *Die ETs dort draußen sind auf unsere Vielfalt angewiesen.*

Die künstliche Intelligenz kann sich selbst programmieren, kann lernen, kann höchst komplizierte, mathematische Aufgaben in Sekundenbruchteilen lösen. Aber sie hat kein Gefühl. Jetzt mag man Roboter konstruieren, die beim Anblick einer traurigen Szene zu weinen beginnen. Oder andere, die Patienten streicheln. Ich kann mir ohne Weiteres küssende und kopulierende Roboter vorstellen, die wie Menschen aussehen, wie Menschen handeln und wie solche riechen. Aber sie haben keinen »Geist«. »Es wird niemals einen aus Software geborenen Geist geben. Und das ist keine Frage der technischen Entwicklung, sondern a priori unmöglich«, sagt David Gelernter, Professor für Informatik an Amerikas Elite-Universität Yale (New Haven, Conneticut). [164] »Unser Geist ist nicht statisch, er verändert sich stetig. Nicht nur im Laufe unseres Lebens, sondern bereits während eines Tages.« [165]

Das ist es, was die Einzigartigkeit jedes Menschen ausmacht. Es geht nicht nur um Gedanken, die für einen Computer »nachrechenbar« sein mögen, es geht um die Erinnerungen, Gefühle, Empfindungen, Worte und Klänge, die gemeinsam den »Geist« ausmachen. Dieser »Geist« lässt sich nicht einsperren. Die Informationen schon. Liegt irgendwo abrufbereit eine Information der Außerirdischen für uns? Wo müssten wir suchen?

Alle großen Organisationen verfügen über Depots, die ihr Wissen enthalten. Beispiele? Im Zweiten Weltkrieg sprengten die Schweizer Tunnels und große Räume in ihre Berge. Unterirdische Kasernen und Spitäler entstanden. Munitionsdepots, Schlafräume, Belüftungsstollen und ganze Seilbahnen wurden im Granit verankert. Heute sind viele der atombombensicheren Kavernen langfristig an Firmen vermietet. Dort wird das Wissen der betreffenden Gesellschaft gespeichert.

Auf Spitzbergen, Norwegen, lagert das gesamte Saatgut der Erde. Rund eine Million Samenproben von Kartoffeln, Reis, über Weizen, Rasen, Mais bis hin zu jeder nur denkbaren Blume und Nutzpflanze. Die das Saatgut enthaltende Anlage, Doomsday Seed Vault genannt, liegt in der Arktis und garantiert auch bei jedem Stromausfall eine sichere Kühlung.

Die Kirche der Mormonen mit Hauptsitz in Salt Lake City, USA, lässt seit Jahrzehnten alle verfügbaren Daten der Menschheit registrieren. Im sogenannten Granite Mountain Records Vault lagern rund vier Milliarden Daten, wie etwa Vor- und Nachnamen, Geburtsregister, alle Vorfahren beiderlei Geschlechts etc. Die Kirche der Mormonen macht aus ihrem Register kein Geheimnis. Jedermann kann sich dort über seine Familiengeschichte informieren.

Unter dem Wüstenboden von New Mexico, USA, zwischen Santa Fe und Amarillo, betreibt die Kirche der Scientologen eine riesige Bunkeranlage. Die Trementina Base. Dort liegen 140 Tonnen Bücher, Schriften und Stahlplatten, doch auch über 2000 Titankapseln mit Computerdaten. Der Punkt im Wüstenboden, unter dem das gewaltige Archiv lagert, ist an der Oberfläche mit einem nur aus der Luft erkennbaren Symbol markiert: zwei sich überschneidende Kreise mit je einer Raute im Mittelpunkt. Vergleichbar den Bildern in den Kornfeldern.

Unter den vatikanischen Gemäuern in Rom lagern seit Jahrhunderten Dokumente aller Art. Das Archivio Segreto Vaticano. Das Vatikanische Geheimarchiv. Neben uralten Schriften aus verschiedenen Ländern sind dort die Prozessakten der Hexenverfolgungen und jene der päpstlichen Politik während der Zeit des Nationalsozialismus deponiert. Und selbstverständlich auch Dokumente über den Kontakt mit Außerirdischen. Fátima lässt grüßen!

Wo sind die Archive der ETs? Existieren irgendwelche außerirdischen Hinterlassenschaften auf der Erde? Henoch, der vor Jahrtausenden von den ETs unterwiesen wurde, sagte vor seiner Abreise ins Weltall zu seinem Sohn: »Und nun, mein Sohn Methusalah, … habe ich dir alles enthüllt und dir die Bücher, die alle diese Dinge betreffen, übergeben. Bewahre, mein Sohn Methusalah, die Bücher von deines Vaters Hand und übergib sie den kommenden Geschlechtern dieser Welt.« (Buch Henoch, Kap. 81, 1) [20] Nun versichert der arabische Historiker Ahmed al-Maqrizi (um 1300 n. Chr.), der sich in seinem Werk *Hitat* auf uralte, ägyptische Quellen beruft, die große Pyramide sei *vor der Flut* gebaut worden. Von wem? Vom selben Henoch! Und dieser Herr al-Maqrizi fabuliert nicht, denn penibel zählt er alle Vorfahren von Henoch bis hinunter zum Stammvater Adam auf. Auch schreibt er noch, dass sich in der Pyramide »Bücher über alle Geheimwissenschaften befinden. Zudem die Schätze der Gestirne …, eine gewaltige Menge …« [166]

Tatsächlich sind in den vergangenen Jahren immer mehr Schächte und Räume in und unter der großen Pyramide angepeilt worden. Dies durch modernste Messungen. Keiner dieser

Räume ist betretbar. Die Schächte, die hineinführen, sind zu eng, um hindurchzukriechen. (Was ein eindeutiges Licht auf die damaligen Planungsingenieure wirft, die es zu Cheops Zeiten nicht gab.) Ich für meinen Teil wäre nicht erstaunt, wenn in den Kammern Bücher von Henoch mit den Botschaften von ETs auftauchen würden.

Über Göbekli Tepe im Südosten der Türkei, dem ein Alter von 11 500 Jahren zugestanden wird, berichtete ich bereits früher. [33] Inzwischen weiß ich aus sicherer Quelle, dass der Ort mindestens zehnmal größer ist als allgemein publiziert. Weitere Grabungen werden absichtlich nicht durchgeführt. Es könnte ja etwas Unerwartetes zutage treten.

Ähnliches gilt für Gunung Padang. Das liegt auf Java, 50 Kilometer südwestlich der Stadt Cianjur, und soll mindestens 14 000 Jahre alt sein. C-14-Datierungen von menschlichen Knochen, gefunden innerhalb der Anlage, ergaben sogar ein Alter von 20 000 Jahren. [167] Egal welches Datum stimmt, so oder so wäre Gunung Padang älter als die große Pyramide bei Kairo. Dies zumindest nach den Datierungen der Ägyptologie.

Gunung Padang liegt 890 Meter über dem Meer und besteht aus mehreren Hügeln mit Terrassen, einige darunter aus Andesit, dem harten Vulkangestein (Härtegrad 6–7 nach der Mohs-Skala). Dann folgen Mauern aus Abertausenden von Basaltstangen. Die Anlage erinnert unwillkürlich an Nan Madol auf der Karolineninsel Ponape (Mikronesien). Auch dort wurden über 500 000 Basaltstangen verbaut, und bis heute weiß niemand, wer dies tat und wozu. (Bilder Seite 189–193) [168] In Gunung Padang stimmt einiges nicht. Magnetische Unregelmäßigkeiten wurden registriert, an bestimmten Stellen drehten sich die Kompasse im Kreis. Messungen mittels Geoelektrik und Georadar zeigten Räume, die tief unter der Anlage liegen. (Bilder Seite 194–203) In der Lokalsprache bedeutet Gunung Padang »Berg des Lichtes« und der Ort war für die Eingeborenen seit Jahrtausenden ein himmlisches Heiligtum. Wer weiß schon, welche Botschaften darunter auftauchen? »Das Ganze ist eine Zeitkapsel«, schreiben die Autoren Vantari und Mumford im Magazin *Nexus.* [169]

Zeitkapseln der ETs, angelegt vor Jahrtausenden für uns Gegenwärtige? Was soll das, wenn sie doch da sind und uns aus erster Hand informieren könnten? Mit ihren Botschaften aus der Vergangenheit würden sie uns ewigen Zweiflern und Ungläubigen beweisen: *Wir* waren es, die eure Zivilisation begründeten. *Wir* verursachten die positiven Mutationen in eurer Evolution. *Wir* steuerten die Entwicklung. Behutsam – aber stetig.

Möglich, dass in einem uralten Bauwerk Schriften auftauchen, die alles erklären. Möglich auch, dass »die Zeitkapsel« seit Odins Zeiten um unsere Erde kreist und nur darauf wartet, von der raumfahrenden Generation abgeholt zu werden. Möglich ferner, dass seit Jahrtausenden eine sogenannte »Von-Neumann-Sonde« in unserem Sonnensystem kreist. Was sind Von-Neumann-Sonden?

Johann von Neumann (1903–1957) war ein genialer Mathematiker. Er entwickelte die Idee eines Miniaturroboters, der sich ständig verdoppelt. Das geht so: Auf der Suche nach einem geeigneten Planeten wird eine kleine Sonde ins Weltall geschickt. Sobald die Apparatur einen bewohnten Planeten gefunden hat, bleibt sie im betreffenden Sonnensystem und kreist dort herum, stellt aber gleichzeitig eine Kopie ihrer selbst her. Die Kopie fliegt weiter. Dort, wo wiederum bewohnte Planeten entdeckt werden, wiederholt sich das Spiel. Die Kopien reproduzieren immer wieder Von-Neumann-Sonden, die eine ganze Galaxie bevölkern können. Alle sammeln Daten und schicken diese nach Hause – wo immer das ist. Fliegen auch bei uns derartige außerirdische Sonden herum? Am 6. November 1991 entdeckte der Astronom

Jim Scotti vom in Arizona, USA, gelegenen Kitt-Peak-Nationalobservatorium ein kleines Objekt in unserem Sonnensystem. Es erhielt die Bezeichnung »1991 VG«. Man dachte an einen Miniasteroiden und richtete große Teleskope darauf. Doch das seltsame Objekt dort draußen reflektierte das Sonnenlicht in unterschiedlichen Farben. Es musste demnach etwas Künstliches sein, wahrscheinlich eine ausgebrannte Raketenstufe. Exakte Bahnberechnungen ergaben, dass der fremde Gegenstand schon 1958 und 1972 in Erdnähe gewesen war. Also, zumindest im ersten Fall, vor dem Beginn unserer Raumfahrt. Der australische Astronom Duncan Steel fragte sich schon 1995, ob es sich vielleicht um eine fremde Von-Neumann-Sonde handeln könnte. Eine Antwort erhalten wir frühestens im Sommer 2017. Dann rast das Ding wieder an uns vorbei.

Auch ohne Sonden und Zeitkapseln könnten wir den Besuch von Außerirdischen sehr bald dokumentieren. Auf der Marsoberfläche tauchen immer mehr kuriose Formationen auf, die nicht recht ins Bild einer natürlichen Erklärung passen wollen. Tüftler, die die offiziellen NASA-Bilder vom Mars monatelang durchforsteten, fanden pyramidenähnliche Strukturen, doch auch rechteckige Obelisken, die in den Himmel ragen, und dreieckige Blöcke mit gleichen Seitenlängen. Zudem sind die Rätsel um die Marsmonde Phobos und Deimos immer noch ungelöst. Auch die NASA-Sonde *Dawn,* die am Miniplaneten Ceres im Asteroidengürtel vorbeiflog, lieferte kuriose Bilder von einem pyramidenförmigen Berg mit schwarz-weißen Kratzern, weiß leuchtenden Punkten sowie rechteckig und quadratisch angelegten Formationen. Wie bei allen Informationen, die unser Weltbild auf den Kopf stellen könnten, verschwinden derartige Beweise sehr rasch wieder von den Bildschirmen. Zwar sind die NASA Fotos öffentlich zugänglich, doch verräterische Bilder lösen sich immer wieder in einem Loch der Nichtexistenz auf.

Auf der Erde wirkt eine alte Garde, die versucht, alle Entdeckungen in Bezug auf ETs in unserem Sonnensystem unter den Tisch zu kehren und lächerlich zu machen. Sinnlos, Freunde vom anderen Ufer! Trotz fleißiger Zensur sind die Erkenntnisse nicht mehr aufzuhalten. Die Botschaften sind unübersehbar. Die Büchse der Pandora kann nicht mehr geschlossen werden.

Der britische Astrobiologe Prof. Dr. Milton Wainwright von den Universitäten Sheffield und Buckingham entdeckte in 40 Kilometern Höhe in der Stratosphäre organische Stoffe aus dem Weltall. Auf der Erde existieren die gefundenen Teilchen definitiv nicht. »Die Organismen müssen aus dem Weltall kommen«, sagte er der englischen Zeitung *Daily Mail.* [170] »Wir fanden Beweise, dass die DNS nicht irdisch ist. Würden die Organismen von der Erde stammen, müssten sie mit irdischer DNS kontaminiert sein. Das sind sie aber nicht.«

Eigentlich hätte eine derartige Meldung aus der Küche von grundehrlichen Wissenschaftlern als Sensation um die Welt gehen müssen. Sie wurde aber rasch abgewürgt.

Mister Nick Pope arbeitete 21 Jahre lang für das britische Verteidigungsministerium. Dort war er zuständig für die zunächst geheimen und später öffentlich zugänglich gemachten UFO-Akten. Ich kenne Nick seit vielen Jahren und schätze nicht nur seinen britischen Humor, sondern auch seine seriösen Analysen. Ihm verdanke ich den Einblick in eine Akte des britischen Verteidigungsministeriums mit dem Titel *Global Strategic Trends out to 2045.* Das Dokument ist 172 Seiten stark und behandelt neben der militärischen Zukunft auch andere Aspekte. [171] Nick Pope: »So wie die Dinge aussehen, verdoppelt sich das Computerwissen alle drei Jahre. Anno 2023 werden bestimmte Computer mit dem menschlichen Gehirn gleichziehen, und im Jahre 2045 könnten sie 100 000-mal wirkungsvoller sein … Könnte es wahr werden, dass dank der künstlichen

Intelligenz aus Science-Fiction sehr bald eine Science-Tatsache wird?« (»Could true artificial intelligence be possible one day soon, with science fiction become science fact?«)

Wir Menschen sind auf unserer Welt erwachsen geworden. Die Evolutionisten haben schon recht – aber nicht ganz. Die Erde war nie ein geschlossenes System. Quer durch die Entwicklungsgeschichte fanden immer wieder gezielte, künstliche Mutationen statt. Nachweisbar im menschlichen Genom – nachweisbar in unseren Überlieferungen. Jetzt hat eine Studiengruppe der ETH Zürich (Eidgenössische Technische Hochschule) festgestellt, dass sich in die DNS Datenmengen einspeisen und später wieder fehlerfrei auslesen lassen. Gespeichert für die Ewigkeit.

Es nützt nichts, die Menschheit vom Pfad der Erkenntnis abbringen zu wollen. Die Beweise für die Beeinflussung der Menschen durch Außerirdische quer durch die Geschichte bis heute werden täglich erdrückender. Auf längere Sicht hat die Anti-ET-Lobby ohnehin keine Chance. Die Botschaft liegt auch in der DNS. In jedem von uns. Und wird von Generation zu Generation weitergegeben. Wir tun gut daran, uns mit der Gegenwart von ETs abzufinden. Der Schock findet dann nicht statt.

Bild 14 (rechts): Die unverstandenen Basaltbauten von Nan-Madol auf der winzigen Insel Ponape (Karolinen-Gruppe)

Bild 15-18: Die unverstandenen Basaltbauten von Nan-Madol auf der winzigen Insel Ponape (Karolinen-Gruppe)

Bild 19: Die unverstandenen Basaltbauten von Nan-Madol auf der winzigen Insel Ponape (Karolinen-Gruppe)

Bild 20: Basaltstangen der Anlage von Gunung Padang, Java

Bild 21: Basaltstangen der Anlage von Gunung Padang, Java

Bild 22: Basaltstangen der Anlage von Gunung Padang, Java

Bild 23 : Basaltweg der Anlage von Gunung Padang, Java

Bild 24, 25: Basaltstangen der Anlage von Gunung Padang, Java

Bild 26: Basaltstangen der Anlage von Gunung Padang, Java

Nachtrag

Erschrocken zuckte Roger zusammen, als es über seinem Wohnzimmerboden wieder anfing zu flimmern. Dreieinhalb Monate lang war nichts geschehen. Roger stolperte über einen Schemel, rutschte auf den Knien und starrte verdutzt auf eine algebraische Gleichung, die über dem Boden schwebte. Aufgeregt rief er seinen Sohn an.

»Fotografier das Ding! Schnell Papa, bevor es sich wieder auflöst!«

$$E = \frac{\mathrm{p}^2}{2m} + V(\mathrm{r},t)$$

»Erinnert mich an die S-c-h-r-ö-d-i-n-g-e-r-Gleichung. Peter Zwicky sagte es lang gezogen.

»An w-a-s?«

»Erwin Schrödinger, österreichischer Physiker. Lebte von 1887 bis 1961. Erhielt 1933 den Nobelpreis für Physik. So gegen 1926 stellte er seine Gleichung vor, sie ist das Fundament der Quantenphysik.«

»Und was beweist diese Gleichung?«, wollte der alte Roger wissen.

»Grundsätzlich ist die Schrödinger-Gleichung eine Wellengleichung. Sie belegt die zeitliche Veränderung eines Zustandes durch seine Energie. Nie etwas von Schrödingers Katze gehört …?«

»Die Katze, die in einem Raum gleichzeitig lebt und tot ist?«

»Dank der Schrödinger-Gleichung belegte unser Kollege Max Tegmark die Multi-Universen. [172] Alles ist überall und kann gleichzeitig sein. Diejenigen, die 107 Jahre in der Zukunft leben und die uns diese Botschaft übermittelten, weisen darauf hin: Zukunft findet immer statt. Egal was wir heute richtig oder falsch machen: *Die Zukunft hat trotzdem Saison.*

Quellenverzeichnis

[1] Kean, Leslie: *UFOs. Generäle, Piloten und Regierungsvertreter brechen ihr Schweigen.* Rottenburg 2012

[2] *Der große internationale Erich-von-Däniken-Kongress.* DVD. Rottenburg 2015

[3] »Alien technology the best hope to ›save our planet‹: ex-defence boss«. In: *Ottawa Citizen*, 28. Februar 2007, Kanada

[4] Mack, John: *Abductions – Human Encounters with Aliens.* New York, USA, 1994

[5] »›UFOs sind real‹: Dr. Ben Rich, Direktor von Lockheed Skunk Works«, unter: *http://community.zeit.de/user/debatz/beitrag/2010/10/26/quotufos-sind-realquot-dr-ben-rich-director-von-lockheed-skunkworks*

[6] Magazin *Sagenhafte Zeiten,* Nr. 2/2016
[7] Alexander, John B.: *UFOs, Mythen, Verschwörungen und Fakten.* Rottenburg 2013
[8] Däniken, Erich von: *Götterdämmerung.* Rottenburg 2009, S. 185 ff.
[9] Stella, Claudio: *Kontakt mit E. T. Die gesellschaftlichen Voraussetzungen – die Folgen.* Berlin 2009
[10] Däniken, Erich von: *Die Götter waren Astronauten.* München 2001 (Neuauflage Rottenburg 2015, S. 63 ff.)
[11] Yallop, David: *Im Namen Gottes?* München 1988
[12] Declaration of Principles Concerning Activities Following the Detection on Extraterrestrial Intelligence. International Institute of Space. April 1989
[13] Ludwiger, Illobrand von: *Ergebnisse aus 40 Jahren UFO-Forschung.* Rottenburg 2015
[14] Mack, John E.: *Abductions – Human Encounters with Aliens.* New York 1994
[15] Ludwiger, Illobrand von: *Ergebnisse aus 40 Jahren UFO-Forschung.* Rottenburg 2015
[16] Fiebag, Johannes: *Kontakt – UFO-Entführungen in Deutschland, Österreich und der Schweiz.* München 1994
[17] Zitate von Edgar Mitchel in *Sagenhafte Zeiten,* Nr. 2 /2016. Beatenberg, Schweiz
[18] Däniken, Erich von: *Was ich seit Jahrzehnten verschwiegen habe.* Rottenburg 2015, S. 10–30
[19] Pope, Nick. Vortrag vom 8. April 2016 bei der UFO-Konferenz in Eureka Springs, Ozark Mountains, USA
[20] Kautsch, Emil: *Die Apokryphen und Pseudepigraphen des Alten Testaments. Band II: Das Buch Henoch.* Tübingen 1900
[21] Däniken, Erich: *Die Steinzeit war ganz anders.* München 1991

[22] Däniken, Erich: *Habe ich mich geirrt?* München 1991
[23] Däniken, Erich: *Was ist falsch im Maya-Land?* Rottenburg 2011
[24] Hoesek, William, R.: »Economicsa and the Fermi Paradox«. In: *Journal of the British Interplanetary Society,* Vol. 60, 2007, Großbritannien
[25] Meaden, George T.: *The Circles Effect and Its Mysteries.* Bradford on Avon 1989, Großbritannien
[26] Jung, Carl G.: *Ein moderner Mythos. Von Dingen, die am Himmel gesehen werden.* Band 10 der *Gesammelten Werke.* Olten 1976
[27] Noyes, Ralph und Taylor, Busty: *Die Kreise im Korn.* München 1991
[28] Evans, Hilary: »Das Paradox der Getreidekreise«. In: *Die Kreise im Korn.* München 1991
[29] Andy, Thomas: »Crop Circles of 2015. A Persistent Intrigue«. In: *Nexus,* Vol. 22, Nr. 6, 2015
[30] Haselhoff, Eltjo: Sendung *Ancient Aliens,* History Channel, 8. Staffel. 2015
[31] Haselhoff, Eltjo: »Opinions and comments: Dispersion of energies in worldwide crop formations«. In: *Physiologia Plantarum,* 111, S. 123–125 (Eindhoven, Niederlande, 2000)
[32] Wilson, Terry: *The Secret History of Crop Circles.* Devon 1998, Großbritannien
[33] Däniken, Erich von: *Der Mittelmeerraum und seine mysteriöse Vorzeit.* Rottenburg 2012
[34] Lüscher, Geneviève: »Die Sonne im Blick«. In: *Neue Zürcher Zeitung,* 19. März 2006, Schweiz
[35] Lutz, Robert: »Bayerisches ›Stonehenge‹, 3000 Jahre vor Stonehenge«. In: *Die Weltwoche,* 20. Februar 1992, Schweiz

[36] Kulke, Ulli: »Am Anfang war die Revolution«. In: *Die Welt,* 21. Dezember 2005
[37] Schulz, Mathias: »Der Kult der Sternenmagier«. In: *Der Spiegel,* Nr. 48/2002
[38] Salas, Robert: *Unidentified: The UFO Phenomenon.* Pompton Plains 2015, USA
[39] Miller, Stanley: »A Production of Amino Acids under Possible Primitive Earth Conditions«. In: *Science,* Vol. 117, Nr. 3046, Mai 1953, USA
[40] Monod, Jacques: *Zufall und Notwendigkeit.* München 1975
[41] Eigen, Manfred: *Das Spiel – Naturgesetze steuern den Zufall.* München 1975
[42] Charon, Jean, E.: *Der Geist der Materie.* Wien 1979
[43] Coppedge, James: *Evolution – Possible or Impossible?* Grand Rapids 1973, USA
[44] Wilder-Smith, Arthur E.: *Herkunft und Zukunft des Menschen.* Stuttgart 1975
[45] Wilder-Smith, Arthur E.: *Die Demission des wissenschaftlichen Materialismus.* Heerbrugg 1976
[46] Vollmert, Bruno: *Das Molekül und das Leben.* Reinbeck 1985
[47] Crick, Francis H. und Orgel, Leslie E.: »Directed Panspermia«. In: *Icarus,* Nr. 19, 1973, USA
[48] Milton, S. und Lewin, R.: »Is anyone out here?«, in: *New Scientist,* August 1973, Großbritannien
[49] Hoyle, Fred und Wickramasinge, Chandra: *Die Lebenswolke.* Frankfurt 1979
[50] Crick, Francis: *Life Itself. It's Origine and Nature.* London 1981, Großbritannien
[51] Hoyle Fred und Wickramasinge, Chandra: *Evolution aus dem All.* Frankfurt 1982
[52] Hoyl, Fred: *Das intelligente Universum.* Frankfurt 1984

[53] Lahav, Ephraim: »Kam Adam aus dem Weltall?« In: *Die Welt,* 25. Juni 1980

[54] Vollmert, Bruno: *Schöpfung.* Freiburg 1988

[55] Wickramasinge, Chandra: »Die Entdeckung außerirdischen Lebens«. In: *Der große internationale Erich-von-Däniken-Kongress.* DVD. Rottenburg 2015

[56] Stadler, Beda, M.: *Es gibt keine menschlichen Gene.* Bern/Göttingen 1997

[57] »Auferstehung der Toten«. In: *Die Welt,* 23. Mai 2008

[58] Grolle, Johann: »Das Wesen des Lebens«. In: *Der Spiegel,* 13/2016

[59] Patrick, Imhasly und Forster, Elisa: »So arbeitet die Gen-Schere«. In: *Neue Zürcher Zeitung,* 7. Februar 2016

[60] »Lenkwaffe im Zellkern«. In: *Der Spiegel,* Nr. 18, 2015

[61] Darwin, Charles: *Die Entstehung der Arten.* Stuttgart 1974

[62] Schildknecht, Hermann: »Die Bombardierkäfer und ihre Explosionschemie«. In: *Angewandte Chemie,* Nr. 73/1961

[63] Wachmann, Ekkehard und andere: *Laufkäfer. Beobachtung und Lebensweise.* Augsburg 1995

[64] »Durch Gen-Rutsch zum nackten Affen«. In: *Der Spiegel,* 18/1975

[65] »DNS sequence and comperative analysis of chimpanzee chromosome 22«. In: *Nature,* Nr. 429, 27. Mai 2004, Großbritannien

[66] Sanides, Silvia: »Mensch, du Affe!«. In: *Focus,* Nr. 23/2006

[67] Blech, Jörg: »Geliebter Affe«. In: *Der Spiegel,* Nr. 21/2006

[68] Mühlemann, Oliver: »Wie LUCA, die Urzelle des Lebens, entstand«. In: *UniPress,* Bern, Nr. 157/2013

[69] Nagel, Thomas: *Mind and Cosmos: Why the Materialist Neo-Darwinian Conception of Nature is Almost Certainly False.* Oxford University, 2012, Großbritannien

[70] *Welt am Sonntag,* Nr. 24/2006

[71] Cremo, Michael A. und Thompson, Richard L.: *Verbotene Archäologie.* Rottenburg 2006, S. 447 ff.

[72] Kulke, Ulli: »Der neue Nachbar aus der Höhle«. In: *Welt am Sonntag,* Nr. 13, 28. März 2010

[73] Däniken, Erich von: *Beweise.* Düsseldorf 1977

[74] Schott, Albert: *Das Gilgamesch-Epos.* Stuttgart 1977

[75] Karst, Joseph: *Eusebius Werke,* 5. Band: *Die Chronik.* Leipzig 1911

[76] Däniken, Erich: *Das unheilige Buch.* Rottenburg 2014

[77] Burgard, Hermann: *Encheduanna – Geheime Offenbarungen.* Groß-Gerau 2012

[78] Burgard, Hermann: *Encheduanna. Verschlüsselt, verschollen, verkannt.* Groß-Gerau 2014

[79] Burrows, Millar: *Mehr Klarheit über die Schriftrollen. Die Lamech-Rolle.* München 1958

[80] Kohlenberg, Karl F.: *Enträtselte Vorzeit.* München 1970

[81] Grimal, Pierre (Hrsg.): *Mythen der Völker,* Band I. Frankfurt 1967

[82] Homer: *Die Odyssee.* Übersetzt von Wolfgang Schadewaldt. Zürich 2001

[83] Däniken, Erich von: *Im Namen von Zeus.* München 1999

[84] Mooney, George W.: *The Argonautica by Apollonius Rhodius.* Dublin 1912, Irland

[85] Schwab, Gustav: *Sagen des klassischen Altertums.* Heidelberg 1972

[86] Diodor von Sizilien: *Geschichtsbibliothek,* 2. Buch. Übersetzung von Dr. Adolf Wahrmund. Stuttgart 1867

[87] Wollheim da Fonseca, Anton E.: *Mythologie des alten Indien.* Berlin 1856

[88] Andersen, Johannes C.: *Myths & Legends of the Polynesians.* Tokio 1969, Japan

[89] Grey, George: *Polynesian Mythology.* London 1885, Großbritannien

[90] Stair, Stephenson P.: *Old Samoa.* London 1897, Großbritannien

[91] Smith, Percy S.: *Hawaiki: The Original Home of the Maori.* Wellington 1921, Neuseeland

[92] Grimble, Arthur: *A Pattern of Islands.* London 1970, Großbritannien

[93] Grimble, Rosemary A.: *Migrations, Myth and Magic from the Gilbert Islands.* London 1972, Großbritannien

[94] Capell, Arthur: *Afterworld Beliefs in the New Hebrides.* London 1938, Großbritannien

[95] Riesenfeld, Alphonse: *The Megalithic Culture of Melanesia.* Leiden 1950, Niederlande

[96] Turner, George: *Nineteen Years in Polynesia.* London 1861, Großbritannien

[97] Kautzsch, Emil: *Die Apokryphen und Pseudepigraphen des Alten Testaments.* Band II: *Das Buch Henoch.* Tübingen 1900

[98] Buck, Peter, H.: *Vikings of the Pacific.* Chicago 1972, USA

[99] Handy, E. S. Craighill: *The native culture in the Marquesas.* Bishop-Museum-Bulletin Nr. 9. Honolulu 1927, USA

[100] Habeck, Reinhard: »Himmelsbote Mayual und der Kuhstall Gottes«. In: *Ancient Skies,* 21. Jahrgang, Nr. 3/1997, Schweiz

[101] Burgard, Hermann: »Uruk: Wo vom Himmel herabgestiegen wird«. In: *Ancient Skies,* 22. Jahrgang, Nr. 3/1998, Schweiz

[102] Heidel, Alexander: *The Babylonian Genesis.* Chicago 1942, USA

[103] The Ramayana and Mahabharata: Book X: *The war in Ceylon.* London o. J., Großbritannien

[104] Laufer, Berthold: »The Prehistory of Aviation«. Field Museum of Natural History. Anthropological Series, Vol. XVIII, Nr. 1, Chicago 1928, USA

[105] Brugsch, Heinrich K.: *Die Sage von der geflügelten Sonnenscheibe nach altägyptischen Quellen.* Göttingen 1870.

[106] Kebra Negest. *Die Herrlichkeit der Könige.* Herausgegeben von Carl Bezold. 23. Band, 1. Abt. München 1905

[107] Rybakow, Boris: *Heidentum im alten Rußland.* Moskau 1988

[108] Furduy, Rostislav: »Hier stieg Perun herab«. In: *Sagenhafte Zeiten,* 5. Jahrgang, Nr. 4/2003, Schweiz

[109] Desjardins, Ernest: *Le Pérou avant la conquête espagnole.* Paris 1858, Frankreich

[110] Terneux: *Essai sur la théogonie Mexicaine.* Paris 1840, Frankreich

[111] Simón, Pedro: *Noticias Historiales de las Conquistas de Tierra Firme en las Indias Occidentales.* Bogotá 1890, Kolumbien

[112] Métraux, Alfred: *Die Osterinsel.* München 1957

[113] Feer, Léon: *Annales du Musée Guimet. Extraits du Kandjour.* Paris 1883, Frankreich

[114] Freuchen, Peter: *Book of the Eskimos.* Greenwich 1961, Großbritannien

[115] Nansen, Fridtjof: *Auf Schneeschuhen durch Grönland.* Hamburg 1891

[116] Beutler, Rudolf: »Plutarchos von Athen«. In: *Paulys Realencyklopädie der classischen Altertumswissenschaft,* Band XXI. Stuttgart 1951

[117] Heidel, Alexander: *The Babylonian Genesis.* Chicago 1942, USA

[118] Schiefner, Franz A. von: *Kalewala, das Nationalepos der Finnen.* München 1922

[119] Sahagun, Bernardino: *Wahrsagerei, Himmelskunde und Kalender der alten Azteken.* Übersetzt von Leonard Schultze-Jena, Stuttgart 1950

[120] Däniken, Erich von: *Der Tag an dem die Götter kamen.* München 1999, S. 220 ff.

[121] Kramer, Samuel N.: *Sumerian Mythology.* Philadelphia 1944, USA

[122] Kohlenberg, Karl F.: *Enträtselte Zukunft.* München 1972

[123] Grimal, Pierre: *Mythen der Völker.* München 1967

[124] Gottschalk, Herbert: *Lexikon der Mythologie.* 1996

[125] Marx, Helma: *Das Buch der Mythen.* Köln 1999

[126] Risi, Armin: *Ihr seid Lichtwesen. Ursprung und Geschichte der Menschen.* Zürich 2013, S. 253 ff.

[127] Preuss, Konrad T.: *Monumentale vorgeschichtliche Kunst.* Göttingen 1926

[128] Stöpel, Karl T.: *Südamerikanische prähistorische Tempel und Gottheiten.* Ergebnisse eigener Ausgrabungen in Ecuador und Südkolumbien. Frankfurt 1912

[129] Waters, Frank: *Book of the Hopi.* New York 1963, USA

[130] Blumrich, Josef F.: *Kasskara und die sieben Welten.* München 1985

[131] Rahner, Karl: *Herders theologisches Lexikon,* Band I. Freiburg i. Br. 1972

[132] Blumrich, Josef F.: *Da tat sich der Himmel auf. Die Raumschiffe des Propheten Ezechiel und ihre Bestätigung durch modernste Technik.* Düsseldorf 1973

[133] Blumrich, Josef F.: *The spaceships of Ezechiel.* Norwich 1974, Großbritannien

[134] Sassoon, George und Rodney, Dale: *The Manna Machine.* London 1978, Großbritannien

[135] Langbein, Walter-Jörg: *Als Eva noch eine Göttin war. Die Wiederentdeckung des Weiblichen.* Groß-Gerau 2015

[136] Biglino, Mauro: *Kamen die Götter aus dem Weltall?* Rottenburg 2015
[137] Barüske, Heinz (Hrsg.): *Eskimo-Märchen.* Düsseldorf 1969
[138] Hammitzsch, Horst (Hrsg.): *Japanische Volksmärchen.* Düsseldorf 1964
[139] Brunner-Traut, Emma: *Altägyptische Märchen.* Düsseldorf 1963
[140] Christensen, Arthur E.: *Persische Märchen.* Düsseldorf 1958
[141] Grömling, Willi: *Tibets altes Geheimnis. Gesar, ein Sohn des Himmels.* Groß-Gerau 2005
[142] Marriott, Alice L. und Rachlin, Carol K.: *Plains Indian Mythology.* New York 1975, USA
[143] Ganguli, Kisari M.: *The Mahabharata. Translated from the original Sanskrit Text.* Vol. I + II. New Dehli 2000, Indien
[144] Roy, Protap C.: *The Mahabharata. Drona Parva.* Calcutta 1888, Indien
[145] Ludwig, Alfred: *Abhandlungen über das Ramayana und die Beziehungen desselben zum Mahabharata.* Prag 1894
[146] Jacobi, Hermann G.: *Das Ramayana.* Bonn 1893
[147] Tessmann, Günter: *Die Bafia und die Kultur der Mittelkamerun-Bantu.* Stuttgart 1934
[148] Hübner, Paul: *Vom ersten Menschen wird erzählt.* Düsseldorf 1969
[149] Bin Gorion, Micha J.: *Die Sagen der Juden von der Urzeit.* Frankfurt 1919
[150] Kremer, Alfred v.: *Über die südarabische Sage.* Leipzig 1866
[151] Herodot: *Historien,* Band 2. München 1963
[152] Plato: *Apology, Crition.* Cambridge 1917, Großbritannien
[153] Humboldt, Wilhelm v.: *Über das vergleichende Sprachstudium in Beziehung auf die verschiedenen Epochen der Sprachentwicklung.* Darmstadt 1963

[154] Schott, Albert (Hrsg.): *Das Gilgamesch-Epos.* Stuttgart 1958
[155] Frischauer, Paul: *Es steht geschrieben.* Zürich 1967, Schweiz
[156] Meadows, Dennis und Meadows Donella: *Die Grenzen des Wachstums.* Stuttgart 1972
[157] »Gender ist Nonsens!« In: *Focus,* Nr. 38, 2015
[158] Kutschera, Ulrich: *Das Gender-Paradoxon.* Berlin 2016
[159] »Mx Schupe«. In: *Der Spiegel,* Nr. 28, 2016
[160] Wright, Robert: *Three Scientists and Their Gods. Looking for Meaning in an Age of Information.* New York 1988
[161] Furger, Michael: »Gott im Kopf«. In: *Neue Zürcher Zeitung,* 21. Dezember 2014, Schweiz
[162] »Büchse der Roboter«. In: *Die Welt,* 2. Januar 2016
[163] Pfeifer, Rolf und andere: *Auf dem Weg zu intelligenten Systemen.* Zürich 1988, Schweiz
[164] Interview in *Focus Magazin,* Nr. 10, 2016: »Die meisten Forscher begreifen nicht ansatzweise die Komplexität des menschlichen Geistes«, im Internet unter: *http://www.focus.de/gesundheit/news/wissen-und-gesundheit-die-meisten-forscher-begreifen-nicht-ansatzweise-die-komplexitaet-des-menschlichen-geistes_id_5333143.html*
[165] Gelernter, David: *Gezeiten des Geistes.* Frankfurt 2016
[166] Das Pyramidenkapitel in al-Maqrizis Werk *Hitat.* Übersetzt von Erich Graefe. Leipzig 1911
[167] Bachelard, Michael: »Digging for the truth at controversial megalitic sides«. In: *Sydney Morning Herald,* 27. Juli 2013, Australien
[168] Däniken, Erich von: *Aussaat und Kosmos.* Düsseldorf 1972, S. 129 ff.
[169] Vantari, Narada F. und Mumford-Sephton, Pratima: »Rewriting Prehistory at Gunung Padang«. In: *Nexus,* Vol. 23, Mai 2016

[170] *Daily Mail,* Wissenschaftsartikel vom 15. September 2015: »Dr. Milton Wainwright says he has found organisms 25 miles above Earth«. Großbritannien

[171] Pope, Nick: *Terminator and X-Man: A Government Vision of the Future.* (Das Dokument ist abrufbar über MoD, Ministry of Defense, DCDC (Development, Concepts and Doctrine Center). Großbritannien

[172] Tegmark, Max: *Unser mathematisches Universum. Auf der Suche nach dem Wesen der Wirklichkeit.* Übersetzt von Hubert Mania. Berlin 2015

Bildquellen

Titelbild:	Hanspeter Bäni, Habsburg/Schweiz
Bild 1:	Reinhard Habeck, Wien/Österreich
Bilder 2–9:	Lucy Pringle, Petersfield/Großbritannien, *www.lucypringle.co.uk*
Bild 10:	Werner Anderhub, Belp/Schweiz
Bild 11, 12:	Erich von Däniken, Beatenberg/Schweiz
Bild 13:	Tourismus Donaustauf/Deutschland
Bilder 14–19:	Erich von Däniken, Beatenberg/Schweiz
Bilder 20–26:	Ramon Zürcher – Archiv EvD, Beatenberg/Schweiz

Copyright © Tatjana Ingold

Dr. h. c. Erich von Däniken, 1935 in der Schweiz geboren, gehört zu den international erfolgreichsten Sachbuchautoren. Seine 43 Bücher, Filme und TV-Serien wurden seit dem Weltbestseller *Erinnerungen an die Zukunft* (1968) in 32 Sprachen übersetzt. Die Weltauflage seiner Werke liegt bei circa 70 Millionen Exemplaren. Mehrere seiner Bücher wurden verfilmt, und nach seinen Ideen entstanden diverse Fernsehserien. Seine Forschungsarbeit wurde international ausgezeichnet:

- Ehrendoktor der Universidad Boliviana (1975)
- Ehrenbürgerschaft der Städte Nazca und Ica (Peru)
- Ehrenmitglied des Ordens Cordon bleu du Saint-Esprit (1987)
- Prêmio Lourenço Filho in Gold und Platin, Brasilien

2003 ging die Auszeichnung des »Ideen-Oskar« an Erich von Däniken. 2004 wurde er mit dem »Explorers-Festival-Preis« honoriert. Erich von Däniken ist Herausgeber neun weiterer Bücher, in denen Autoren der A.A.S. (Forschungsgesellschaft für Archäologie, Astronautik und SETI) ihre Forschungsergebnisse veröffentlicht haben.

Die *Ancient-Aliens*-Serie des amerikanischen History Channel entstand nach Erich von Dänikens Ideen und ist die erfolgreichste Dokumentation des Senders! Bis zum Juli 2020 wurden 180 Episoden ausgestrahlt.

Auch mit 85 Jahren begeistert EvD sein weltweites Publikum an internationalen Konferenzen und auf Vortragstourneen in Europa, den USA und Brasilien. 2018 belegte EvD auf der »Watkins' Spiritual 100 List for 2018« den zwölften Platz hinter Papst Franziskus, dem Dalai Lama und neun weiteren weltweit »spirituell« beeinflussenden Personen.

Liebe Leserin, lieber Leser,

wie in jedem meiner Bücher möchte ich Ihnen die Gesellschaft für Archäologie, Astronautik und SETI vorstellen – abgekürzt AAS. Wir suchen nach neuen Antworten, weil die alten in vielen Bereichen überholt sind.

Es ist unser Ziel, einen anerkannten Beweis für den Besuch von Außerirdischen auf unserer Erde zu erbringen. Dies vor Jahrtausenden. Dabei wollen wir den Grundregeln des wissenschaftlichen Erkenntnisgewinns folgen, uns aber nicht von bestehenden Dogmen oder Paradigmen eingrenzen lassen.

Im Zwei-Monats-Rhythmus geben wir die Zeitschrift *Sagenhafte Zeiten* heraus – in deutscher Sprache –, die allen Mitgliedern der AAS zugestellt wird. Wir organisieren nationale und internationale Konferenzen und führen Studienreisen an interessante archäologische Stätten durch.

Unser jährlicher Mitgliedsbeitrag beläuft sich auf 55.– Euro/ 60.– CHF (Stand Sommer 2020). Wissenschaftler wie Laien aus allen Berufsgruppen gehören zu uns. Wir sind kein exklusiver Club. Jeder kann dabei sein.

Ich würde mich freuen, wenn Sie sich auf unserer Homepage informieren oder Gratisauskünfte erbitten würden bei:

AAS, Postfach 319, CH-3800 Interlaken
www.sagenhaftezeiten.com
E-Mail: info@sagenhaftezeiten.com

Verschollen im Pharaonengrab:

Entdeckte ein 16-jähriger Grabräuber das mysteriöse Labyrinth der zwölf Könige unter den Pyramiden von Sakkara?

EvD vertritt die Ansicht, die Große Pyramide von Gizeh sei nichts anderes als eine gewaltige Bibliothek. Angelegt für die Menschen der Zukunft. Zitate aus wenigen antiken Werken, die erhalten geblieben sind, belegen die Behauptung.

Im Land am Nil führte EvD nächtelange Gespräche mit Adel H., einem studierten Ägyptologen, dessen Familienmitglieder als Grabräuber tätig waren. Als 16-jähriger Knabe war Adel H. tagelang unter der Stufenpyramide von Sakkara gefangen gewesen. Auf seiner Suche nach einem Weg aus der Unterwelt hatte der Junge unterirdische Gänge und Räume durchstreift und atemberaubende Dinge gesehen. »Ägypten«, so Adel, »kennt zwei Geschichten. Die offizielle und eine unbekannte, die Jahrzehntausende alt sein muss.«

Vor dem Hintergrund dieser Enthüllungen schlägt EvD den Bogen zur Frage, ob es außerirdisches Leben gibt: »Die Götter sind bereits zurückgekommen. Sie sind erneut herniedergestiegen. Gegenwärtig umkreisen sie unseren Planeten!« So schildert er Vorfälle aus dem Jahr 2019: die UFO-Erlebnisse von US-Navy-Piloten, seltsame Muster in einem französischen Kornfeld und Hinweise auf eine mysteriöse Flugbasis in der Antarktis.

gebunden • 218 Seiten
durchgehend farbig illustriert
ISBN 978-3-86445-614-5

Die unmögliche Evolution:

Warum die Thesen der Darwinisten nicht länger haltbar sind

Es gab einmal ein Gedankengebäude, das nannte man Evolutionstheorie. Erdacht von klugen Menschen und bestätigt durch unzählige Wissenschaftler. Dann entdeckten die Menschen das Elektronenmikroskop und plötzlich tauchten Fragen zur Evolution auf, die vorher nicht möglich waren. Stammte der Mensch nur und ausschließlich von den Primaten ab – oder griffen zusätzliche »Motoren« in die Evolution ein? Kräfte, von denen man bislang nichts ahnte?

Heute steht fest: Mit der bisherigen Evolutionstheorie lassen sich unzählige Fragen nicht mehr beantworten. Da gibt es eine Lebensform die nennt man »Blob« *(Physarum polycephalum)*. Das »Ding« hat weder Augen noch Ohren, weder Mund noch Nase oder gar ein Gehirn. Der »Blob« widerspricht jedem evolutionären Gedanken, wonach sich eines aus dem anderen entwickelt.

Überall gibt es Eigenschaften von Tieren, die nirgendwo in die Evolutionstheorie passen wollen. Heute melden sich immer mehr Wissenschaftler zu Wort, die der bisherigen Evolutionslehre widersprechen. Irgendein anderer Einfluss, der uns bisher entgangen ist, wirkt auf die Evolution. Man nennt ihn »Intelligent Design«. Dahinter wird eine intelligente Planung vermutet. Irgendwer oder irgendwas müsste hinter dieser Planung stecken.

Erich von Däniken demonstriert an unzähligen Beispielen die Unmöglichkeit des bisherigen Evolutionsgedankens. Er zitiert Wissenschaftler, die gegen die bisherige Lehre argumentieren, aber auch solche, die sie verteidigen. Alles Evolution – oder was?

gebunden • 223 Seiten
durchgehend farbig illustriert
ISBN 978-3-86445-779-1